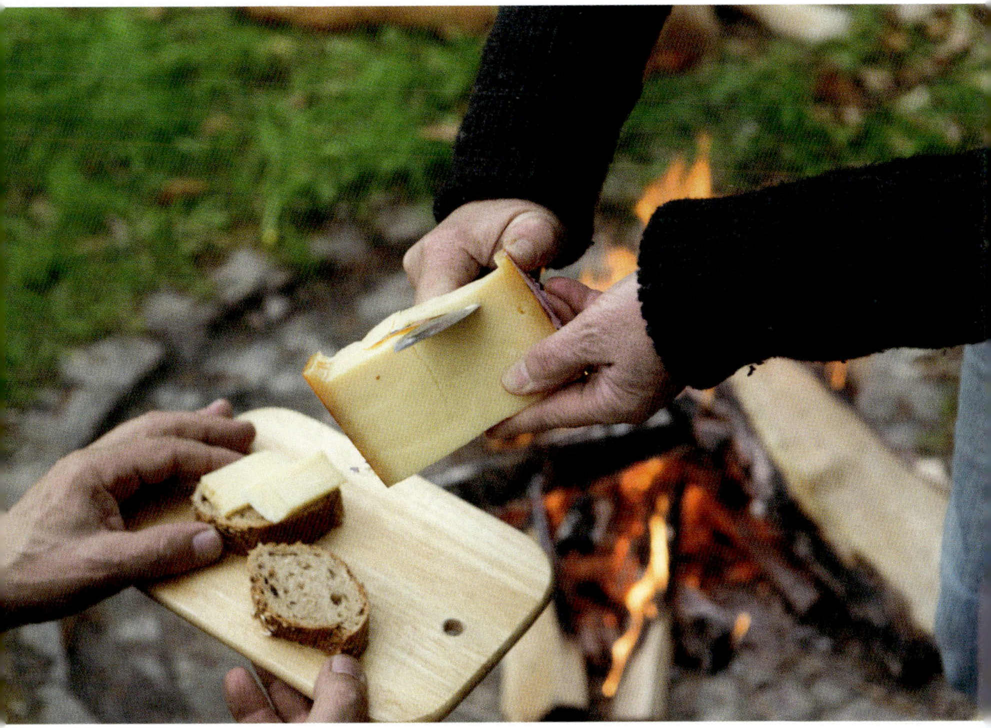

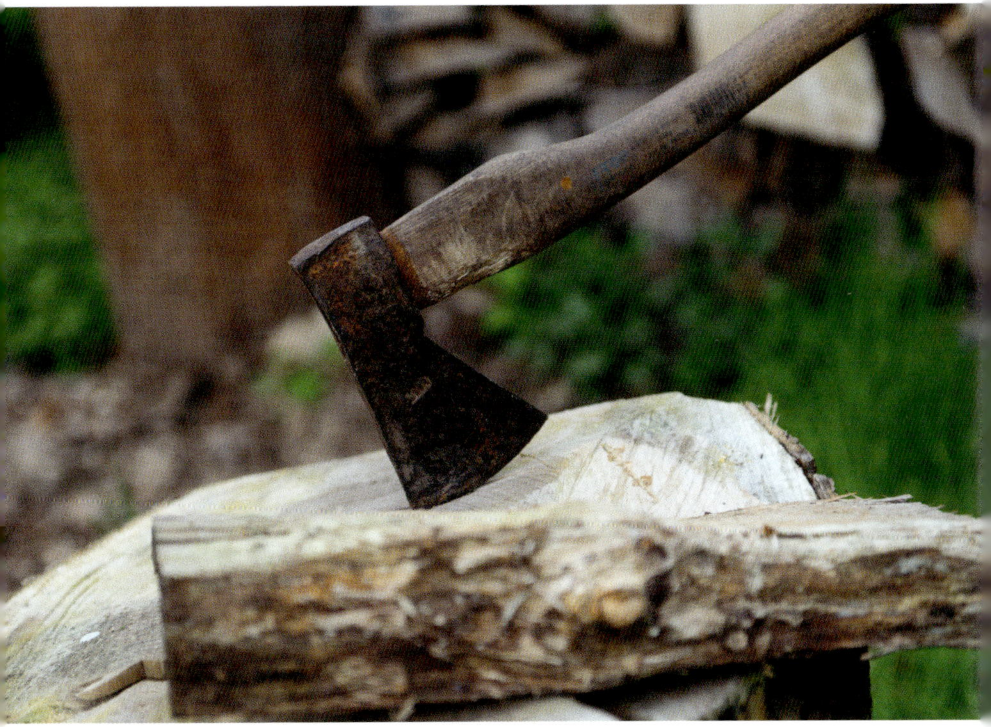

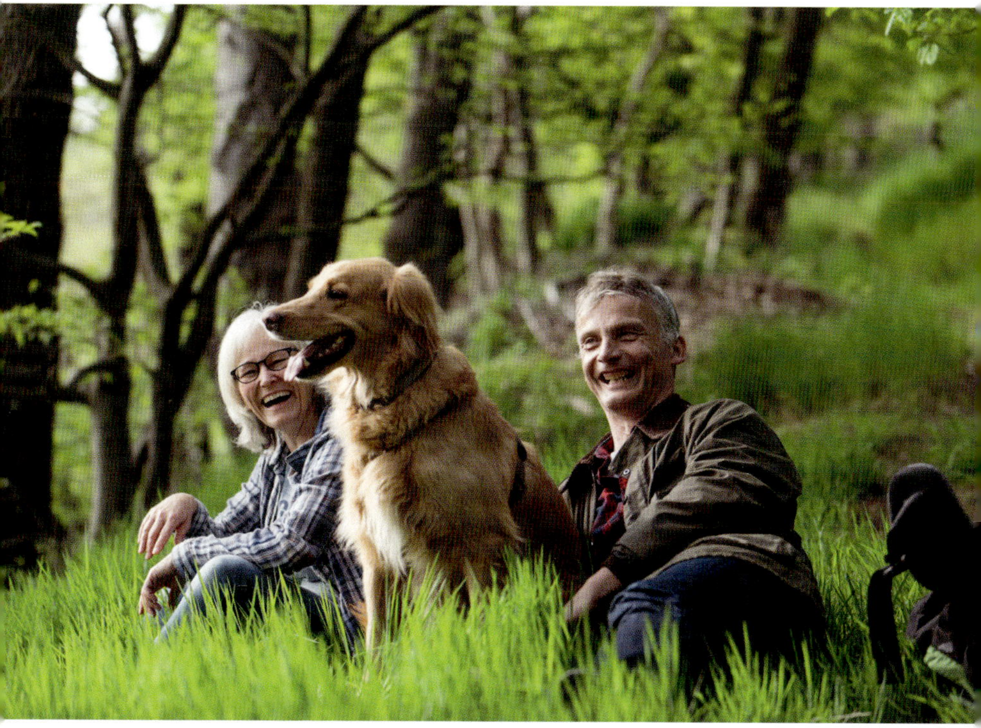

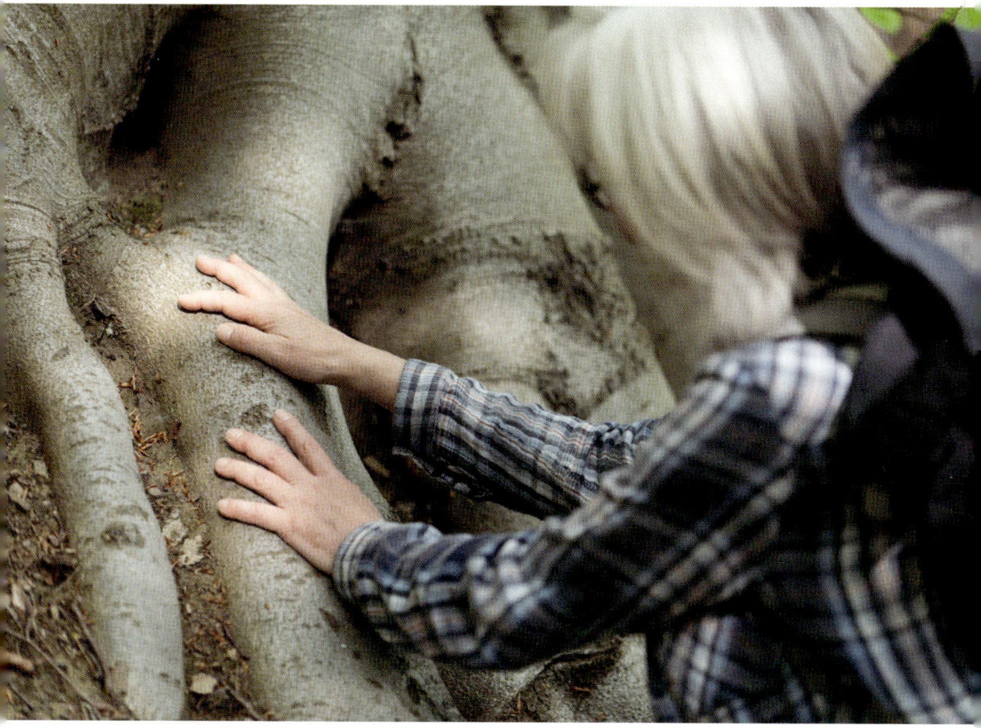

Deine Zeit
ist dein Leben.
Sei klug.

Beate und Olaf Hofmann

Leben mit tausend Sternen

Holen Sie sich das Glück zurück.
Es liegt direkt vor Ihrer Haustür.

Mit Fotos von Stefan Weigand

INHALT

PROLOG

Ein Versprechen

Das Holz knackt. Funken stieben auf. Funkelnde Sterne, die unsere Gesichter erhellen, während die Dunkelheit den Fluss und das Ufer fast unkenntlich macht. Aus der Ferne klingt das Läuten von Glocken, hören wir erste Raketen ins neue Jahr zischen. Weit über den Himmel sprühen sie bunte Lichter.

Wir haben uns zurückgezogen in die alte Hütte am Fluss – nur wir zwei mit den Erinnerungen der vergangenen zwölf Monate. Unser Feuerwerk ist handgemacht. Die Holzscheite brennen knisternd, eine wohlige Wärme geht von ihnen aus. Es ist der perfekte Rahmen, um sich an Augenblicke zu erinnern, die uns wertvoll sind: „Weißt du noch ... diese mondhelle Nacht im Schwarzwald ...?" Es war unsere letzte Nacht im Urlaub und wir hatten beschlossen, sie mit tausend Sternen zu verbringen – unter freiem Himmel, auf einer Lichtung im Wald.

Vor lauter Mondlicht können wir erst mal nicht einschlafen. Zum Glück, denn sonst hätten wir die Eule verpasst, die lautlos über uns hinweggleitet, auf der Suche nach Beute. Später in der Nacht knurrt unser Hund plötzlich dumpf grollend. Schlagartig hellwach schauen wir um uns, können aber nichts Bedrohliches im Unterholz am Fuß der hohen Tannen entdecken. Wir schlafen nur unruhig und dennoch ist dies eine Nacht, die uns in ihrer Fremdheit belebt.

In der ersten Morgendämmerung wachen wir auf. In der Tiefe des Waldes schreit ein Tier, Nebelschwaden steigen aus der

Wiese, in der Ferne hört man das Klopfen eines Spechts. Tau glitzert an den Halmen der Gräser, als wir unsere Schlafsäcke zusammenrollen. Unweit des Lagers steigen wir in eine Talsenke. Dort an einem gurgelnden Bach knien wir uns ins dunkle Moos und waschen uns spärlich. Dann schultern wir die Rucksäcke erneut und brechen auf – ins andere Leben, das Leben jenseits des Waldes. Eine neue Lebendigkeit im Herzen nehmen wir mit.

Es fühlt sich alles leicht an, das Grau ist einem satten Grün gewichen, die Nacht unter dem Sternenhimmel hat uns irgendwie geerdet und gleichzeitig das Gefühl gegeben, wirklich lebendig zu sein. Die Gespräche, die Zeit, die wir füreinander hatten, ohne jede Ablenkung, hat uns gutgetan. Voller Ideen kommen wir nach Haus.

Eigentlich müsste man öfters so leben: eine Spur wilder, abenteuerlicher, intensiver.

Das „eigentlich" stört. Denn wieso eigentlich nicht?

Warum nutzen wir unsere Lebenszeit so selten für das, wonach wir uns tief im Herzen sehnen? Irgendwas bleibt immer auf der Strecke, wenn wir tun, was die Firma, der Chef, die Familie, die anderen von uns erwarten. Läufst du hinterher oder läufst du mit, statt deine Richtung frei zu wählen?

Prasselnd verglüht ein Funkenregen und wir fragen uns: Wie viele Verrücktheiten und welche Abenteuer haben wir uns im Laufe der Zeit verkniffen? Es ist an der Zeit, von Natur aus anders zu denken. Gerade jetzt, in diesen ersten Minuten des neuen Jahres, fühlt es sich so an, als könnten wir die Weichen dafür neu stellen. Und wir haben unbändige Lust, dem Leben mehr Tiefe, Weite und mehr Sterne zu geben! Wir möchten die Möglichkeiten ergreifen, die sich uns bieten.

Mit Blick auf die tanzenden Flammen wage ich es, eine Idee laut auszusprechen: „Was, wenn wir im neuen Jahr eine Spur wilder leben, nicht nur im Urlaub, sondern mitten im Alltag? Wenn wir jeden Monat eine Nacht im Freien schlafen. Nur mit Schlafsack und Isomatte, so wie damals im Schwarzwald. Wenn wir das Abenteuer direkt vor der Haustür suchen? Ich will das Leben wieder mehr spüren. Und ich möchte dankbarer für das Alltägliche werden."

In dieser Nacht, auf der Schwelle in ein neues Jahr, beschließen wir das „eigentlich" aus unserem Leben zu verbannen und es nicht immer wieder auf ein „später" zu verschieben.

Unsere Augen leuchten. Es ist ein inneres Leuchten, in dem sich das Feuer spiegelt, was sich inzwischen zu einer satten Glut gewandelt hat. Und über uns der weite Himmel.

★

JANUAR Sturmnacht

Seit Tagen warten wir darauf, dass sich das Wetter stabilisiert. Erst klirrender Frost, dann eine Warmfront, die den Boden mit matschigem, grauem Schnee bedeckt. Wir wollen nichts erzwingen, warten ab. Für das letzte Januarwochenende sind Regen und Sturm angekündigt. Es macht keine Freude, den Fuß vor die Tür zu setzen. Auch unser Hund ist froh, wenn wir vom Spaziergang zurück und endlich wieder im Trockenen sind.

Mit viel Vorfreude haben wir unsere Tour geplant. Ich dachte an klare Winterluft, fein rieselnden Schnee oder trockene Kälte. Stellte mir vor, wir liegen abends in unseren warmen Schlafsäcken am Feuer und über uns wölbt sich der Sternenhimmel. Die Wirklichkeit sieht anders aus.

Meine Sehnsucht, endlich aufzubrechen, schmilzt, während ich die Pfützen auf dem Hof betrachte, wie der nasse Schnee auf dem Fensterbrett. Olaf hingegen scheint sich von seinem Vorhaben nicht abbringen zu lassen. Pfeifend zieht er durch die Wohnung, sucht dies und das, probiert die Taschenlampe aus, rollt seinen Schlafsack zusammen und schneidet einige Scheiben Brot, die er fürs Frühstück in eine wasserfeste Box packt. „Und?" – lächelt er mir auffordernd zu. Ja, denke ich, er hat recht, man sollte sich nicht vom Regen abhalten lassen, sondern dem Leben entgegenlächeln, ganz egal wie es gerade daherkommt. Heute also in Tropfenform – vom Wind verweht.

So beginne auch ich die wesentlichen Dinge in meinen Rucksack zu packen. Den Schlafsack, gut verpackt im wasserdichten Beutel, meine neue Isomatte, einen warmen Pulli für die Nacht am Feuer, Regenzeug, Klappmesser, Becher, Teebeutel und unsere kleine Blechkanne fürs Kochen auf dem Feuer. Ein Stück Käse und eine ganze Cabanossi nehmen wir auch mit, Äpfel und Nüsse, die große Feldflasche voll Wasser. Wer weiß, ob es dort im Tal eine Quelle gibt. Auf der Karte ist eine eingezeichnet, aber sicher, ob wir sie finden, sind wir nicht.

Es dämmert bereits, als wir vor die Tür treten. Der Regen hat etwas nachgelassen, wir ziehen die Tragegurte unserer Rucksäcke fester an und gehen zügigen Schrittes los. Aruna, unser Hund, läuft freudig hin und her. Er scheint zu spüren, dass wir keinen normalen Spaziergang machen.

Schnell lassen wir die letzten Häuser hinter uns und erreichen den Wald. Keine dreihundert Meter von unserer Wohnung entfernt windet sich der Weg, dem wir die ersten Kilometer folgen wollen, durch die Bäume. Etwa sieben Kilometer sind es von hier aus bis zu einer alten Hütte, die wir vor einer Weile bei einem unserer Streifzüge entdeckt haben. Im Winter ist die Hütte zwar verschlossen, aber sie hat ein offenes Vordach. Darunter wollen wir die Nacht verbringen, falls es weiterhin regnet. Und wir haben so immerhin ein Ziel.

Dicke Wolken schieben sich über den grauen Winterhimmel, der Wind hat nachgelassen. Wir sind voller Erwartung und angespannt zugleich. Wie wird es werden? Hoffentlich bleiben wir trocken ... Das ist eine meiner größten Sorgen. Inzwischen ist es stockdunkel. Wir lassen die Lampen aus, der Weg liegt als helles Band vor uns. Die Bäume links und rechts sind dunkle Schatten.

Wir haben noch nicht einmal die Hälfte der Strecke geschafft, als unser Hund, der vorausgelaufen ist, stehen bleibt und sich prüfend nach uns umsieht. Wir laufen merklich langsamer. Olafs Rucksack ist viel zu schwer und, wie er inzwischen festgestellt hat, schlecht gepackt. Er trägt eine Axt, das meiste Essen, den Kocher, die beiden Wasserflaschen und eine beschichtete Decke als Unterlage mit sich. Dazu sein eigenes Gepäck. Der Stiel der Axt schaut oben aus dem randvoll gefüllten Rucksack hervor.

Nach dem vielen Essen der Weihnachtstage sind wir nicht gut in Form. Auf jeden Fall hatten wir uns das Ganze einfacher vorgestellt.

Olafs Rücken meldet sich seit einer Viertelstunde mit einem unangenehmen, dumpfen Schmerz. Und als wäre das nicht genug, frischt nun auch der Wind plötzlich auf. Der ganze Wald ächzt. Die alten Eichen rudern mit ihren Ästen in der Luft, als würden sie ums Gleichgewicht ringen. Dumpf dröhnend kündigt sich der vorhergesagte Sturm an. Hart und stechend wie kleine Nadeln prasseln erste Regentropfen auf uns ein. Wir ziehen die Kapuzen unserer Winterjacken tiefer ins Gesicht, laufen schweigend am Seeufer entlang, haben keinen Blick für die Wellen, die über das Wasser jagen. Es ist kalt, windig, unangenehm. Vor uns auf dem Weg liegt ein größerer Ast, den wir noch haben fallen sehen. Ich bin unsicher. Sollen wir umkehren?

Nur kurz beratschlagen wir uns, dann ändern wir den Plan und die Richtung. Es ist zu riskant, bei diesem Wetter noch länger durch den Wald zu laufen.

Und eben kam uns der Gedanke, dass wir ganz in der Nähe vor einiger Zeit eine kleine Höhle entdeckt haben. Dort wollen wir Schutz vor dem Unwetter suchen – und, wenn möglich, die Nacht verbringen.

Mit großen Schritten schlagen wir den neuen Weg ein. Die letzten hundert Meter geht es durchs dichte Unterholz. Wir biegen Äste beiseite, um uns einen Weg zu bahnen, dann stehen wir vor dem Eingang der Höhle. Olaf hat seine Lampe aus der Jackentasche gezogen und leuchtet den Boden ab. Es riecht nach modrigem Laub und dem Keller im Haus meiner Großeltern. Eigentlich ist es keine richtige Höhle, mehr ein Tunnel durch den Felsen, denn es gibt zwei offene Seiten und der Wind kann hindurchblasen. Aber es ist zumindest eine trockene Bleibe. Endlich können wir die Rucksäcke absetzen. Es tut gut, den Rücken zu strecken, während wir uns nach einem möglichst ebenen Liegeplatz umsehen. Ja, das kann gehen.

Unsere beiden Rucksäcke lehnen neben uns am Felsen, eine Kerze brennt auf einem kleinen Stein in der Mitte der freien Fläche zu unseren Füßen. Wir teilen eine Scheibe Brot. Das tut gut. Es schmeckt viel besser als sonst. Trockenes Brot kann wunderbar sein. Draußen jagt der Wind den Regen durch die Nacht.

Wir sind ein wenig stolz, nicht aufgegeben zu haben, obwohl das Wetter allen Grund dazu geboten hat. Das Leben ist jetzt. Und hier.

Während Olaf Steine zu einer Feuerstelle aufschichtet und Holz zusammenträgt, befreie ich im Schein der Taschenlampe eine Fläche von Geröll und Laub. Gerade groß genug für unsere Plane, auf der die Isomatten Platz finden. Rasch die Schlafsäcke ausgerollt und fertig ist das Nachtlager.

Vor Jahren habe ich eine Reiseerzählung von Robert Louis Stevenson gelesen. Er erzählt von einer Wanderung mit Modestine, seinem Esel. In dessen Gesellschaft durchquert er Ende des 19. Jahrhunderts die französischen Cevennen, um darüber seinen tief sitzenden Liebeskummer zu vergessen. Auf den Esel packt er seine ganze Ausrüstung. Darunter einen Sack, genäht aus robustem, Wasser abweisenden Segeltuch mit einem Futter aus Schaffell. Den Sack nutzt Stevenson als Packsack und Schlafsack gleichermaßen. Damit kann er sein Lager überall aufschlagen. Für Stevenson bedeutet das die größte Freiheit, die er sich für seine Reise denken kann.

Etwa zur gleichen Zeit macht ein englischer Tuchhändler namens Pryce Jones aus der Idee des Schlafsacks ein Geschäft. Er lässt sich einen Vorläufer der heutigen Schlafsäcke, aus robustem, braunem Wollstoff genäht, patentieren, verkauft sechzigtausend Stück an die russische Armee und macht damit ein glänzendes Geschäft. Bald werden solche praktischen Schlafsäcke auch außerhalb der Armee geschätzt, gekauft und schließlich weiterentwickelt.

Ich erinnere mich noch gut an unsere ersten Daunenschlafsäcke. Sie waren eine echte Investition. Wir haben im Studium lange darauf gespart. Das Besondere war, dass wir beide Säcke zu einem einzigen verknüpfen und aneinandergeschmiegt im Zelt liegen konnten. Viele Jahre haben sie uns auf Reisen begleitet. Doch irgendwann lässt auch das beste Material nach und isoliert nicht mehr so gut. Deshalb hat mir Olaf vor einiger Zeit einen neuen Schlafsack geschenkt. Ultraleicht und mollig warm. Damit könne man eine Polarexpedition unbeschadet überstehen, meinte der Verkäufer. An den Nordpol werde ich gewiss nicht ziehen, aber es ist gut zu wissen, dass ich heute bei Temperaturen um den Gefrierpunkt nicht frieren werde.

Kleine blaugrüne Flammen tänzeln aus dem Tannenreisig und eine dünne Rauchspur beißt in den Augen. Alles ist feucht, es brennt schwer. Olaf hält das Büschel mit dem Holz senkrecht, damit der obere Teil etwas trocknen kann. Vorsichtig pustend will er das Ganze beschleunigen. Aber es gelingt nicht. Das Reisig ist verbrannt, bevor die dünnen Ästchen, die Olaf zu einer kleinen Pyramide aufgeschichtet hat, Feuer fangen. Er muss sich noch einmal neu auf die Suche nach trockenem Holz machen. Mit dem Messer schneidet er Späne aus einem größeren Stück. Innen ist das Holz trocken, wie erhofft. Es ist mühselig, aber nach einer Weile hat er einen kleinen Stoß voller sich kräuselnder Späne zusammengeschoben. Ein zweiter Versuch mit noch mehr Reisig und den trockenen Spänen gelingt. Achtsam legt Olaf Zug um Zug kleine Äste nach, stellt dann zwei dickere Stücke gegeneinander auf. Von der Seite sehe ich, wie seine Augen strahlen, während das Feuer sich durch das Holz frisst. Herrlich, die Hände daran zu wärmen. Der Feuerschein taucht die kalten Felsen in ein warmes Licht. Schön, jetzt hier zu sein.

Nach all der Aufregung der letzten Stunden merken wir nun, wie müde wir sind. Und hungrig. Der Hund riecht das Essen im Rucksack und sitzt schon erwartungsvoll neben uns. Die Blechkanne mit dem Teewasser steht auf dem Feuer. Olaf hat Stöcke angeschnitzt. Wir grillen zwei Würste und backen Stockbrot. Wann habe ich das zuletzt gemacht? Die Erinnerung an ein großes Fest, lachende Kinder, die aufgeregt ums Feuer stehen. Ein großer Klumpen Teig, rußige Spuren von kleinen Händen, die Stücke daraus reißen. Der Geruch von warmem, frischem Brot. Erdbeermarmelade, mit dem Finger verstrichen. Herrlich verrückt.

Es hat aufgehört zu regnen, aber der Wind fegt kalt durch die Höhle. Ich habe Gänsehaut, die Feuchtigkeit zieht durch die Kleider. Das Feuer ist inzwischen heruntergebrannt. Orangerot schimmert die Glut im Steinkreis. Wenn wir nicht total auskühlen wollen, bleibt nur eine Möglichkeit: schnell in den

Schlafsack. Die Plane, auf der wir unser Lager ausbreiten, ist leicht feucht. Auch die Isomatten sind klamm. Wir hätten sie erst jetzt ausbreiten sollen. Aber es wird gehen. Mein Dauenschlafsack ist trocken und flauschig warm. Der Hund kuschelt sich dicht an Olafs Seite, als würde er Schutz bei ihm suchen. Ich kann es verstehen. Alleine könnte ich dieses Abenteuer auch nicht genießen. Draußen pfeift der Wind um die Felsen. Irgendwo schreit ein Tier mit kehliger Stimme. Was immer es ist – es soll wegbleiben ... Bei jedem Rascheln frage ich mich, welche Tiere wohl ihren Unterschlupf in der Höhle haben.

Wir kennen nicht die Grenzen unserer Behaglichkeit, wenn wir sie nicht austesten. An diesen Grenzen wächst die Erfahrung, wächst die innere Kraft. Olaf und der Hund, sie geben mir das Gefühl, nicht allein mit meinen Ängsten zu sein. Mit ihnen wage ich mich hinaus.

Morgens um halb fünf werde ich das erste Mal wach. Feuchtigkeit hat sich wie eine nasse Hand auf unser Lager gelegt und zieht durch alle Ritzen. Ich ziehe den Kopf tief in den Daunenkragen meines Schlafsacks und reibe die Wange am warmen Stoff.

Der Morgennebel liegt noch wie eine graue Decke über dem Waldboden, als wir in der Dämmerung beide wach werden. Irgendwo keckert ein Eichelhäher. Wir liegen im Halbdunkel der Höhle und albern herum. Es gibt nichts, was uns voneinander ablenken könnte. Das Gefühl großer Vertrautheit wärmt unsere Herzen.

Schließlich rolle ich mich zur Seite und hebe den Kopf. Welkes Laub hat sich auf unserem Schlafplatz verteilt, die beiden Rucksäcke lehnen am Felsen. Das Feuer ist lang schon erloschen, hellgraue Asche liegt auf den Steinen und den verkohlten Resten.

Es ist Zeit, den neuen Tag zu begrüßen. Aber irgendwie zieht es mich nicht, den Schlafsack zu verlassen, und es dauert eine ganze Weile, bis ich mich überwinden kann.

Das Wasser ist alle, das Essen gegessen, der Rest schnell zusammengepackt. Schlafsack und Isomatte verschwinden im Rucksack, die feuchte Plane falten wir gemeinsam zusammen und packen sie obenauf. Erst einmal wollen wir loslaufen und später irgendwo unterwegs frühstücken. Es ist feucht, kalt und ungemütlich.

Eine Viertelstunde später haben wir den idealen Ort gefunden. Am Ufer eines Sees halten wir an, zupfen die Sitzkissen aus dem Rucksack und kochen auf unserem Gaskocher Tee. Dazu teilen wir einen Apfel. Die Sonne färbt den Horizont erst zartlila, dann rot-orange schimmernd und taucht schließlich den See in warmes Morgenlicht.

Bis nach Hause ist es eine gute Stunde. Wir gehen zügig und schweigend. Wie intensiv alles riecht, denke ich, während wir durch feuchte Wiesen laufen. Der Geruch von nassem Moos, von Baumharz, Tannenzapfen. Und von Freiheit.

Eine Weile geht es an den verfallenen Mauern des alten Jagdschlosses entlang. Schließlich erreichen wir den Waldrand.

Im Ort stapfen wir fröstelnd in die Bäckerei, kaufen duftende, frische Brötchen. Als wir, die Brötchentüte in der Hand, kurz vor neun Uhr nach Hause kommen, schauen uns Nachbarn mit großen Augen an, im Gesicht ein Fragezeichen. Wieso kommt man um diese Zeit mit Tourenrucksack vom Bäcker? Wir grüßen freundlich, als wäre es das Normalste der Welt. Als wir wenig später frisch geduscht, wollig warm und unverschämt glücklich am Frühstückstisch sitzen, macht sich ein Gefühl der Dankbarkeit im Herzen breit.

Aufbrechen

Fort von all dem,
was man Leben nennt.

Aufbrechen.
Zu mir.

Stürme des Lebens

Manchmal bläst es einen so richtig durch.
Der Regen kommt waagerecht von vorn,
der Wind peitscht mir ins Gesicht.
Das Weitergehen fällt schwer,
nur Schritt für Schritt kommen wir voran –
wenn wir uns gegen den Sturm stellen.

In solchen Zeiten ist es gut,
jemanden an seiner Seite zu wissen.
Einen guten Freund, eine Freundin,
einen Partner, einen langjährigen Weggefährten.

Und es ist gut zu spüren, dass einer mit uns
unterwegs ist, durch alle Zeiten.
Der uns auffängt, wenn wir straucheln.
Der uns die Hand reicht, wenn wir nicht mehr
weiterwissen.

Der unsere Tränen trocknet – und der,
wenn es darauf ankommt – auch den Sturm
stillen kann.

FEBRUAR **Baumhaus**

Unsere Wochenenden sind diesen Monat komplett verplant. Wenn wir unseren Plan weiterverfolgen möchten, bleibt nur eine Möglichkeit: Wir müssen die Einladung zum fünfzigsten Geburtstag eines lieben Freundes in Süddeutschland nutzen und uns dort einen Schlafplatz unter Sternen suchen. Noch haben wir kein Hotel gebucht. Gut so!

Zwei Wochen später rollen wir spätnachmittags mit unserem Auto im strömenden Regen auf den Parkplatz eines Ruderklubs. Als Olaf den Motor ausstellt, hören wir noch eine Weile schweigend zu, wie die Tropfen aufs Dach trommeln. Durch die Windschutzscheibe betrachten wir sorgenvoll den aufgeweichten Platz und die dunklen Wolken über uns.

Mit so viel Nässe haben wir nicht gerechnet. Und wenn, dann wäre ich niemals auf die Idee gekommen, diese Nacht draußen schlafen zu wollen. Ich ertappe mich bei dem Gedanken, kurzfristig doch noch ein Hotel zu suchen. Im Kofferraum liegen Schlafsäcke und Isomatten, auch die Zeltplane haben wir zum Unterlegen dabei, doch allein die Vorstellung, das Auto zu verlassen, gruselt mich. Wo sollen wir bei dem Wetter einen trockenen Platz finden? Als könnte er Gedanken lesen, meint Olaf: „Sieht so aus, als sollten wir auf dem Fest bis zum Morgen durchtanzen, um nicht draußen schlafen zu müssen."

Doch dann zückt er das Smartphone, prüft die Wetter-App und grinst entspannt: „Der Regen hört gegen Mitternacht auf und es wird stürmisch. Das ist gut, denn dann trocknet es schneller. Und wir können damit rechnen, dass es in der Nacht zumindest von oben nicht mehr nass ist."

Als er meinen skeptischen Blick sieht, meint er: „Wir haben ja die Plane. Zur Not legen wir uns eben unter eines der Boote, die dort hinten auf niedrigen Gestellen gut verpackt auf den Frühling warten. Du wirst sicher nicht im Regen schlafen."

Ich luge durchs Fenster zu den aufgestapelten Booten neben dem Vereinshaus. Stimmt. Das kann funktionieren. Mit dieser Option bin ich zufrieden und kann mich etwas entspannen. Außerdem lässt jetzt auch das Trommeln der Tropfen etwas nach. Rasch steigen wir aus und laufen um Pfützen herum zum Haus, aus dem uns schon Musik und fröhliches Lachen entgegenschallt.

Es wird ein wunderbares Fest und ein bewegter Abend. Wir treffen Freunde, lernen neue Menschen kennen, unterhalten uns und tanzen, als ob es kein Morgen gibt.

Spät in der Nacht dreht sich das Gespräch an unserem Tisch darum, wer in welchem Hotel schlafen wird. Als wir erzählen, dass die Schlafsäcke im Auto liegen und wir uns bald einen geschützten Platz für unser Nachtlager suchen werden, verstummt das Gespräch schlagartig. Damit hat anscheinend keiner gerechnet – die Blicke verraten: Niemand kann sich vorstellen, dass wir uns in die Büsche schlagen. Unser auf den ersten Blick verrücktes Vorhaben wird zum Türöffner für viele schöne Geschichten, an die sich jeder gerne erinnert. Fast jeder denkt an ein Erlebnis seiner Jugend: Pfadfinderlager, Campingurlaub mit der Freundin, Interrail-Abenteuer, Bergtouren und Pilgererfahrungen. Erstaunlich, was manche schon erlebt haben. Man sieht es dem Mann im Anzug, der Frau im Abendkleid nicht an. Doch beim Erzählen kommt das Funkeln in die Augen zurück und das Kind in der Frau und im Mann zum Vorschein.

Einige würden jetzt, nachdem sie sich in Fahrt geredet haben, am liebsten begeistert mitkommen und finden es schade, dass sie keine passende Ausrüstung dabeihaben. Andere bedauern uns aufrichtig wegen des Wetters. Vor allem unsere Gastgeber machen sich Sorgen, dass wir am nächsten Morgen mit einer Erkältung aufwachen werden.

Unverhofft fragt uns ein Paar, ob sie uns das Baumhaus ihrer Kinder im Garten anbieten könnten. Es wäre zwar in drei Metern Höhe mitten in der Nacht etwas abenteuerlich zu erklimmen, aber es hätte eine Plane als Dach und wäre sicherlich trockener als die triefend nasse Wiese. Das ist ein Argument. Wir brauchen nur einen Augenblick, um uns zu verständigen. Danke, ja, wir kommen mit euch.

Um drei Uhr nachts stolpere ich, den Schlafsack und die Matte unterm Arm, durch den matschigen, dunklen Garten hinter dem Einfamilienhaus. Vorsichtig klettern wir über eine glitschige Leiter ins Baumhaus

Wenn uns jetzt die Kinder sehen könnten, sie würden uns für verrückt erklären. Im Mondlicht türmen sich Wolkenberge am Himmel. Der Wind frischt merklich auf und rüttelt an den Ästen. Die Vorhersage hat leider nur teilweise recht behalten.

Plitsch, platsch, tropft es auf die Zeltplane, die der luftigen Behausung als Dach dient. Im Schein der Taschenlampe sehen wir uns um: Die hölzerne Plattform aus alten Brettern hat zum Glück an allen Seiten ein stabiles Geländer. Und der Platz reicht, um unsere Schlafsäcke direkt nebeneinander zwischen Baumstamm und Geländer auszubreiten.

Nur trocken ist der Boden leider nicht. Oberhalb des Geländers hat es ordentlich reingeregnet. Alles ist feucht, aber ich will jetzt nicht zimperlich sein. Unsere mitgebrachte Plane zum Unterlegen wird schon ausreichen, um trocken durch die verbleibende Nacht zu kommen.

Als ich den Schlafsack ausrolle, habe ich das Gefühl, gleich in ein vertrautes Bett schlüpfen zu können, auch wenn der Bretterboden unter uns knarrt und der Baum leicht im Wind schwankt. Ich ziehe den Daunensack weit hoch bis ans Kinn und kuschle mich Wärme suchend hinein. Auf dem Rücken liegend lausche ich dem Getröpfel auf der Plane und sehe plötzlich direkt über uns eine beängstigende Wölbung. Das Regenwasser hat sich in der Abdeckung gesammelt und diese hängt nun an einer Stelle nass und schwer nach unten. Das Risiko, plötzlich geduscht zu werden, möchten wir nicht eingehen.

Also noch mal raus aus dem Schlafsack! Mit vereinten Kräften stemmen wir die Plane hoch. Geräuschvoll platscht das Wasser über das Geländer hinunter in den Garten. Leider schwappt auch ein Teil davon durch Löcher am oberen Rand der Plane nach innen. So ein Mist! Olafs Shirt ist nass. Er nimmt es gelassen, jammert nicht lange, sondern meint, es trocknet im Schlafsack von allein. Um diese gelassene Art, mit Pannen und Widerständen umzugehen, bewundere ich ihn aufrichtig.

Wir schlüpfen schnell wieder in die Schlafsäcke, denn der Wind ist richtig kalt.

Nur wenige Augenblicke später höre ich Olaf bereits tief atmen. Unglaublich, diese Fähigkeit, in den widrigsten Situationen schnell einzuschlafen. Ich dagegen liege noch lange wach.

Das Knarren des Baumes, Äste, die aneinanderschlagen, und das Mondlicht, das den Garten fahl beleuchtet, sind so ungewohnt. Ich frage mich, wo in solch einer stürmischen Winternacht die wenigen Vögel sitzen, die sich nicht in den Süden geflüchtet haben. Gibt es Höhlen in Baumstämmen, in denen sie sich geborgen fühlen?

Ein Glück, jetzt hier zu sein! Das ist unser Nest. Vor Regen einigermaßen geschützt, ein stabiler Boden, zugegeben etwas hart. Aber vor allem die Umgrenzung des Geländers lässt den Ort für mich zum Rückzugsort werden. Es ist kaum mit Worten zu beschreiben, doch ich fühle mich seltsam geborgen an diesem fremden Ort. In Gedanken lasse ich den schönen Abend nachklingen und staune, wie sich aus einer sehr ungemütlichen Situation am Nachmittag unverhofft eine einzigartige Übernachtungsmöglichkeit ergeben hat. Allmählich kommen die Gedanken zur Ruhe, gleite auch ich in einen tiefen, traumlosen Schlaf hinüber.

Als es hell wird, werden wir munter. Der erste Blick gilt der Plane über uns. Sie hat gehalten. Zwar hat sich neues Wasser darin gesammelt, aber deutlich weniger als gestern. Und es ist merklich stiller als in der Nacht. Das Schaben und Knarzen der Äste fehlt. Der Wind hat nachgelassen.

Wir schälen uns aus den Schlafsäcken, zupfen die Fleecejacken aus dem Packsack, der uns zugleich als Kopfkissen gedient hat und wagen dann einen Blick über die Brüstung in die Umgebung.

Parkartige große Gärten erstrecken sich zwischen gepflegten Siedlungshäusern. Die Jalousien und Fensterläden der Nachbarhäuser sind zumeist geschlossen. Niemand ahnt, dass das Baumhaus der Kinder in dieser Nacht ein Baumhotel für uns war.

Ich hätte nicht gedacht, dass man im Februar hier oben wie in einem Vogelnest geborgen schlafen kann. Nachdem ich endlich einschlafen konnte, war es richtig gemütlich. Nur meine Hüfte schmerzt jetzt etwas vom langen Liegen auf den hölzernen Bohlen.

Einmal draußen verändert sich die Wahrnehmung. Dann sind Dinge möglich, die dir von innen her betrachtet unmöglich erscheinen. Es gibt kein unpassendes Wetter, so wie es kein unpassendes Leben gibt. Man kann aus jeder Situation etwas machen. Wenn wir den Fuß über die Schwelle setzen, ist der größte Aufbruch geschehen. Ich beschließe, diesen Gedanken später im Tagebuch festzuhalten. Vermutlich ist es genau diese hoffende, vertrauende Haltung, die uns in vielen Situationen in unserm Alltag weiterhelfen und uns entspannen kann.

Ein munteres „Guten Morgen" unterbricht meine Gedanken. Aus dem Haus heraus winken unsere Gastgeber und fragen, ob wir noch Zeit und Lust auf eine Tasse Kaffee haben. Ja und ja! Schnell stopfen wir die Schlafsäcke in die Packsäcke, rollen die Isomatten auf und legen die Plane zusammen. Olaf klettert die Sprossen der Leiter zuerst hinunter und fängt das Gepäck auf, was ich ihm von oben zuwerfe. Kurze Zeit darauf sitzen wir am Tisch, trinken schluckweise den frisch bereiteten Kaffee und lernen unsere Gastgeber erst mal richtig kennen.

Sie gestehen, dass die Nacht für sie unruhig war. Als der Sturm zunahm, sind sie mitten in der Nacht einmal aufgestanden und haben aus dem Fenster in den dunklen Garten gelauscht. Doch außer dem Rauschen des Windes in den Bäumen war nichts von uns zu sehen und zu hören. Wie es uns im Baumhaus bei diesem Wetter wohl geht, haben sie sich besorgt gefragt. Gerne hätten sie uns ins Haus gebeten.

Wir staunen über ihre Besorgnis. Wie anders stellt sich manches dar, wenn man der Wirklichkeit unmittelbar gegenübersteht.

Den beiden erzählen wir von unserer Sehnsucht, dem Leben wieder mehr Würze zu geben und zu spüren, wie viel Freiraum wir damit gewinnen. Das Draußensein verändert uns. Wir trauen uns wieder Dinge zu, die wir noch vor Kurzem aus Bequemlichkeit, aus Zurückhaltung oder Gewohnheit niemals getan hätten. Eine verwegene Kraft breitet sich im Herzen und in den Köpfen aus, wenn wir aus dem Alltäglichen heraustreten. Sie macht uns nicht nur offen für ungewöhnliche Wagnisse, sondern auch für außergewöhnliche Begegnungen. An diesem Morgen sitzen wir mit Menschen zusammen, die wir gestern noch nicht kannten, und teilen Träume und Sehnsüchte als wären wir alte Freunde.

Sie müssen uns nicht überreden, eine zweite Tasse Kaffee zu nehmen. Wir haben Zeit, und wir spüren, es geht um Themen, die uns alle betreffen.

Die beiden erzählen von ihrem Leben, ihren Entscheidungen und der Situation, in der sie sich befinden. Er ist beruflich überaus engagiert und erfolgreich. Sie hält ihm den Rücken frei, sorgt für Kontakte zu Freunden und Familie und kümmert sich vor allem um die Kinder. Für sich selbst und für ihre Partnerschaft haben sie nur noch wenig Zeit – dies ist ihr wunder Punkt. Sie spüren: Wir driften auseinander – unmerklich, aber stetig.

Ihr gemeinsames Projekt über die letzten Jahre ist das renovierte, wunderschöne Haus und der große Garten. Sie haben ein Zuhause für ihre Familie geschaffen. Einen Ort, an dem man gerne ist und sich geborgen fühlt in einer unübersichtlichen, sich permanent verändernden Welt. Doch Kredite müssen abgezahlt werden, da gibt es wenig Spielraum für andere Träume. Elternabende, Vereinsleben im Ort und die Arbeit – das füllt ihren Alltag. Früher waren sie viel gemeinsam unterwegs. Die beiden kommen ins Schwärmen, erzählen von ihrem alten VW Bulli, vom Campen in den Dünen und Surfen am Pazifik, von fremden Ländern und wilden Nächten. Wie unbeschwert und ungebunden sie damals waren. Ist es ein Privileg der Jugend? Welche Überraschungen gibt es heute im Leben?

Wie kann es gelingen, mitten im Alltag übermütig, neugierig, wild zu leben? Das ist auch unsere große Frage.

Wenn die großen Abenteuer momentan nicht drin sind, wie sieht es mit den kleinen aus? Mitunter übersehen wir vor lauter Suche nach dem großen Glück den kostbaren, unwiederbringlichen glücklichen Moment.

Es duftet nach frisch geröstetem Kaffee. Wir halten inne, beißen schweigend in die knusprigen Croissants und spüren, dass das Glück mitten unter uns ist. Als hätten sie die Bedeutung ihres Auftritts geahnt, trapsen genau in diesem Moment kleine, nackte Füße über die Holzdielen in den Raum.

Die Kinder werfen uns scheue Blicke zu und kuscheln sich, schlaftrunken und Nähe suchend an ihre Eltern. So sieht Glück aus!

Zugegeben, es ist anstrengend, aber auch erfüllend, Kindern ein liebevolles Zuhause und sogar ein Baumhaus zu geben. Aber selbst wenn wir uns in der Rushhour des Lebens befinden, geht mehr als man denkt. Wie ein Kompass, so lotsen uns gute Fragen durch die Turbulenzen unseres Lebens, und es lohnt sich, diese – so wie an diesem Morgen – immer mal wieder zu stellen. Was ist mir mein Familienleben wert? Was bin ich bereit zu tun oder zu lassen, um das Wesentliche zu leben? Woran orientiere ich mich dabei? Aus welchen Quellen schöpfe ich neue Kraft?

Nicht jede dieser Fragen braucht sofort eine Antwort. Es genügt, sie zu stellen.

Als die Kinder hören, dass wir in ihrem Baumhaus übernachtet haben, fragt der Ältere seine Eltern, ob sie das auch mal machen können. Der Vater zögert kurz, wirft seiner Frau einen Blick zu und sagt: „Später auf jeden Fall. Jetzt sind wir erst mal dran!"

Als wir aufbrechen, fühlen wir uns reich beschenkt. Wir sind als Fremde gekommen und gehen als Freunde.

Geborgenheit

Ein warmes Nest zu haben, einen Ort,
an dem unsere Seele zur Ruhe kommt,
ist etwas Wunderbares.
Sich geborgen fühlen,
da sein, ganz wir selbst sein dürfen.
Wo wir uns nicht verstellen müssen.
Wo wir geliebt und angenommen werden,
so wie wir sind, mit all unseren Schwächen
und Fehlern.

Wo finden wir solche Geborgenheit?
Wem schenken wir sie?

MÄRZ Pfadfinderwald

D icht gedrängt sitzen die Kinder auf Holzbänken im Kreis um die gusseiserne Feuerschale. Und wir mitten unter ihnen im dämmrigen Halbdunkel der Jurte. Die Glut flirrt in rostigem Rot. Still beobachten wir, wie die letzten Holzscheite zerfallen, zu Asche werden. Hin und wieder fährt ein kalter Luftzug durch die Zeltbahnen am Eingang. Dann glimmen kleine Flammen züngelnd auf, gierig nach neuer Nahrung suchend. Doch das trockene Holz ist längst verbraucht.

Aus der Feuerschale steigt eine Wärme auf, die das Zelt zu einem Ort der Geborgenheit macht. Schmale Rauchschwaden steigen auf, finden ihren Weg durch den Abzug in der Mitte des Zeltes und ziehen hinaus in den abendlichen Himmel.

Wir sind zu Gast bei den Pfadfindern, genauer gesagt bei den Wölflingen, einer Gruppe von zwanzig quirligen Grundschülern und ihren Gruppenleitern, die sich hier jeden Mittwoch treffen. Sie hatten ja schon genügend Zeit an diesem Nachmittag, um zu toben, sich zu knuffen oder untereinander zu necken. Jetzt zieht sie das Feuer in seinen Bann.

Seit Jahrtausenden versammeln sich Menschen ums Feuer. Es ist zutiefst in unserer gemeinsamen Urgeschichte verankert. Wärme, Geborgenheit, Licht – wer sitzt nicht gern am Feuer oder am offenen Kamin?

Ich denke liebend gerne an unsere Zeit in Kanada zurück. An eine einjährige Auszeit, die wir uns genommen haben. Wie wir an Abenden, als der Sturm ums Blockhaus tobte, vor dem

Kaminofen saßen, in die Flammen schauten und die Welt um uns herum vergessen konnten.

Auch wenn die Jurte, in der wir mit den Pfadfindern zusammengekommen sind, im Garten des Gemeindehauses steht, ist sie ein geheimnisvoller Ort, an dem man sich in andere Welten träumen kann. Dicht gewebte Zeltbahnen aus schwarzem Stoff schlucken fast alle Geräusche von draußen. Die Straße durch den Ort mit ihrem abendlichen Verkehr, die Unterhaltung der Eltern, die zum Abholen der Kinder auf dem Parkplatz am Haus warten, selbst das Läuten der Glocken wirkt so gedämpft, als hätte all das mit unserer Anderswelt am Feuer nichts zu tun. Der Leiter der Gruppe nimmt seine Gitarre und stimmt ein letztes Lied an:

Abend ward, bald kommt die Nacht,
schlafen geht die Welt, denn sie weiß,
es ist die Wacht über ihr bestellt.
Einer wacht und trägt allein ihre Müh und Plag,
der lässt keinen einsam sein,
weder Nacht noch Tag.

Während die Kinder einstimmen und alle vier Strophen auswendig singen, beschränken wir uns ab der zweiten Strophe auf das Zuhören. „Weiß ich, dass auf gute Nacht guter Morgen kommt" ... der tiefe Klang und die Verheißung dieser Worte hallt in uns nach. Auf ein Zeichen hin reichen sich alle die Hände. Klebrige kleine Finger fasen meine Hand und drücken herzhaft zu. Es ist Brauch, sich mit dem Pfadfindergruß zu verabschieden. Erst danach wird die Feuerschale vorsichtig aus dem Zelt getragen. Lachend drängen die Kinder nach draußen, die ganz normale Welt hat uns wieder.

Oli, der Diakon, der uns hierher eingeladen hat, führt uns ins Gemeindehaus, was sich schon mit Menschen füllt. Wir freuen uns auf die abendliche Lesung und darauf, im Anschluss gemeinsam in einem privaten Waldgrundstück zu übernachten.

Ein böiger Nordwind treibt Wolkenfetzen vor sich her, die im fahlen Mondlicht glänzen, als wir spät am Abend aus dem Haus treten.

Wir holen unsere Rucksäcke aus dem Auto und ziehen die Wanderschuhe an. Diese Nacht werden wir nicht allein, sondern in guter Gesellschaft verbringen. Drei Männer, alles erfahrene Pfadfinder, sind wie wir begeistert von der Idee, mitten in der Woche eine Nacht unter Sternen zu schlafen.

Oli holt noch einige Zeltplanen aus dem Schuppen, dazu eine Kiste mit Seilen und Petroleumlampen. Wir greifen unser Gepäck und packen alles in den Kleinbus. Zu fünft hauchen wir mit unserem Atem eiskalte Wölkchen in die Luft und freuen uns wie Kinder auf die Klassenfahrt. Zehn Minuten fahren wir durch schlafende Dörfer, vorbei an Fenstern, hinter denen blau flimmernd der Fernseher sein Licht verbreitet. Bald umgeben uns nur noch kahle Äcker und dunkle Landschaft. Dann biegt der Bus auf einen holprigen, schmalen Feldweg ein.

Hier, südlich des großen Segeberger Forstes, haben die Pfadfinder vor mehr als zehn Jahren ein Stück Wald gepachtet, zehn Hektar groß. Inzwischen kennen die Älteren von ihnen dort im Forst Endern jeden Baum und Strauch. Mit den verschiedenen Gruppen haben sie im Laufe der Jahre verschlammte, alte Fischteiche freigelegt, sich kleine Unterstände gebaut und viele Tage und Nächte hier draußen verbracht.

Kein Jäger wird uns hier wegschicken. Niemand kann uns verbieten, in diesem Wald unsere Schlafsäcke auszurollen. Bleibt nur noch die Frage nach dem Wetter.

Der Fahrweg endet direkt am Waldrand. Es ist völlig still, als wir aus dem Bus steigen. Kein Geräusch, kein Rascheln im Unterholz, kein knarrender Baum – einfach nichts ist zu hören. Auch wir sind sparsam mit Worten, greifen nach unserem Gepäck und folgen Oli, der uns den Weg zeigt. Die beiden anderen Männer tragen die Kiste mit dem Material. Zögernd und langsam bewegen wir uns in der Dunkelheit, setzen die Schritte sehr bewusst. Die ersten Sterne stehen schimmernd am Himmel.

Forst Endern wirkt auf mich wie eine dunkle Mauer aus mächtigen Buchen, Erlen und Eichen. Der Boden unter den Füßen ist weich und feucht von altem Laub. Als hätte jemand eine mulchige Decke über die Wurzeln und Steine gebreitet. Im diffusen Mondlicht lassen sich Laub, Wurzeln oder Steine kaum voneinander unterscheiden, geschweige denn ist ein Pfad zu erkennen.

Meistens gewöhnt sich das Auge nach wenigen Minuten an die Dunkelheit und das spärliche Licht. Es ist faszinierend zu erleben, wie uns plötzlich die anderen Sinne helfen, das Umfeld zu entdecken. Ist es dunkel, hören wir besser hin. Sehen wir wenig, laufen wir zwar langsamer, tasten uns dafür aber auch achtsamer mit Füßen und Händen durch unwegsames Gelände.

Aber jetzt ist es hilfreich, dass wir Stirnlampen dabeihaben. Im Lichtkegel ist es einfacher, kantigen Steinen oder sperrigen Ästen auszuweichen. Der Pfad führt leicht bergan. Rechts von uns sehen wir zwei Teiche wie schwarze Löcher im Wald liegen. Gerne hätte ich jetzt zwischen den Bäumen an den Himmel geschaut, um mich zu orientieren. Doch dafür müsste ich stehen bleiben.

Besser nicht, sonst verliere ich die anderen. So folge ich dem Lichtkegel und schon kurze Zeit darauf sehen wir im Schein der Lampe ein hölzernes Gerüst zwischen den Bäumen auftauchen.

Wir sind da. Es ist das Basiscamp der Pfadfinder.

Licht

„Ich gehe Licht machen" –
welche andere Bedeutung
hat dieser Satz hier draußen?

Einige Fichtenstangen, grob behauen und mit Seilen verzurrt, liefern den Unterbau für einen halb offenen Unterstand. Während wir unsere Rucksäcke abstellen, klickt bereits ein Feuerzeug. Licht flackert auf. Oli hat den Docht einer Petroleumlampe angezündet. Dann schließt er die Öffnung und stellt die Sturmlaterne auf einen Baumstumpf neben dem Lagerplatz. Es gibt noch drei weitere der Laternen. Ihr warmes, helles Licht erleuchtet den Wald um uns herum.

Der Wetterbericht hat uns darauf vorbereitet, dass es nicht trocken bleiben wird. Regen und Wind sind angesagt. Mal wieder ...ich ertappe mich bei dem Gedanken, dass wir es ja nicht anders kennen.

Egal. Es ist, wie es ist. Ich weiß, dass ich akzeptieren muss, was ich nicht ändern kann. Dennoch bleibt genau dies eine Kunst. Es ist Lebenskunst, die sich am besten in kleinen Schritten lernen lässt.

Heute Nacht können wir sie üben, diese kleinen Schritte. Immerhin haben wir dieses Gerüst aus Stämmen, was, mit Zeltbahnen bespannt, zu einem soliden Unterstand wird. So müssen wir Glückspilze nicht im Nieselregen schlafen, der inzwischen einsetzt, sondern haben ein Dach – Pardon –, eine Zeltbahn aus Baumwollstoff über dem Kopf.

Schnell werfen wir die Planen über die Holzstangen und binden sie rasch fest. Jeder Knoten ist geübt und sitzt mit wenigen Handgriffen. Bald steht unser Waldhotel.

Seitlich pfeift zwar der Nordwind durch das Gerüst, doch das macht nichts. Einmal mehr freue ich mich wie ein Kind auf meinen warmen Schlafsack. Olaf und ich breiten als Erstes unsere Decke als Unterlage aus. Sie hat eine kuschelige Oberseite aus gewebtem Baumwollstoff, und die Unterseite ist solide mit Kunststoff beschichtet, sodass wir absolut trocken auf dem feuchtkalten Blättergrund liegen können.

Ich kann mir nicht vorstellen, die ultraleichte Air-XY-light-Matratze für knapp zweihundert Euro, die ich neulich im Outdoormagazin gesehen habe, genauso beherzt in den Matsch zu legen. Da hätte ich Bedenken. So lobe ich mir die einfache Decke für fünfzehn Euro, die zwar nicht so stylisch daherkommt, aber voll den Zweck erfüllt, sofern es nicht um jedes Gramm Gewicht geht. Keine zehn Minuten später ist unser Nachtlager fertig.

Aus der Thermosflasche gibt es für jeden einen Schluck heißen Glühwein in die Becher. Da stehen wir nun im Licht der Sturmlaternen im Wald und erst jetzt fällt die Unruhe von uns ab. Die äußere Stille kehrt allmählich auch in uns ein.

Die stundenlange Fahrt über die Autobahn, der Empfang in der Jurte am Feuer und dann der nächtliche Aufbruch in den Forst, alles tritt langsam zurück und weicht dem großen Gefühl, angekommen zu sein. Wenn dich nichts mehr drängt oder lockt, wenn du einfach nur du selbst sein kannst, wenn du spürst, wie das warme Getränk die Kehle hinunterrinnt, der Wind an der Jacke zerrt und du nichts mehr außer dem Rauschen der Bäume hörst, dann bist du wirklich da.

Vielleicht ist genau das der Moment, auf den wir uns im Voraus freuen. Und wenn er dann da ist, dann habe ich Angst zu sprechen, als könnte ich damit den besonderen Glanz des Augenblicks zerstören. Schweigend hängt jeder von uns seinen Gedanken nach.

Es ist ein gutes Schweigen, kein beklemmendes, kein unruhiges, nervöses Schweigen. Es ist eine Art stille Übereinkunft, die bedeutet: Alles ist gut, so wie es ist.

Hoch über uns sehe ich am nächtlichen Himmel die Positionslichter eines Flugzeuges blinken. Das müssen Maschinen sein, die in Hamburg landen. Woher mögen die Passagiere kommen? Worauf freuen sie sich? Auch sie werden heute Abend ankommen. Wie sieht ihr Ankommen aus?

Längst ist das Flugzeug den Augen entschwunden. Das entfernte Dröhnen der Motoren dagegen können wir noch hören. Wir sind draußen und dennoch mitten in der Welt.

In Deutschland gibt es keine weit entfernte, ungezähmte andere Welt. Aber Wildnis ist auch nicht immer irgendwo weit draußen. Sie beginnt in uns.

Allmählich wird mir kalt. Auch die anderen treten von einem aufs andere Bein. Ich würde was geben für das warme Feuer, was wir vorhin in der Jurte hatten. Doch es ist schon spät und wie lange es dauern würde, bis wir mit dem feuchten Holz auf dem nassen Boden ein Feuer in Gang setzen könnten, ist ungewiss. Keiner hat zudem Lust, jetzt noch Holz suchen zu gehen. Wir beschließen stattdessen, in die Schlafsäcke zu kriechen.

In meinem Rucksack liegen warme Wollsocken, die Fleecejacke und eine Jogginghose ganz oben. Rasch ziehe ich mich für die Nacht um und packe die anderen Sachen in einen wasserdichten Beutel. Kurze Zeit darauf liegen alle eingemummt in ihren Schlafsäcken.

Wir haben zu fünft genügend Platz unter dem Schrägdach. Es wird uns nicht nur vor dem Regen, sondern auch vor herabfallendem Laub schützen, sofern der Wind noch mehr auffrischt. Die Luft riecht nach Schnee, die Temperatur ist merklich gesunken. Mit jedem Atemzug füllt kalte Waldluft meine Lungen, ohne mein Zutun, ganz von selbst. Es atmet in mir.

Was für ein ungeheures Privileg, voller Neugier und Lust am Abenteuer draußen schlafen zu können.

Da liege ich nun an einem Mittwoch Anfang März in meinem Schlafsack dreißig Kilometer nördlich von Hamburg in einem Laubwald und kann nicht schlafen – vor lauter Glück.

Stunden später wache ich von einem anhaltenden Grunzen auf. Es sind keine Wildschweine, die mir den Schlaf rauben. Es sind sehr menschliche Töne. Schlaftrunken greife ich nach der

Schachtel mit Ohropax unter dem Kopfkissen und bin dankbar, dass ich vorgesorgt habe. Das Glück der kleinen Dinge ... schießt es mir durch den Kopf. Dann gleite ich hinüber in eine zweite Schlafphase und wache erst auf, als jemand an meinem Schlafsack zupft.

Olaf sitzt neben mir und deutet in den Wald. Die Blätter und Zweige ringsum schimmern weiß. Der nächtliche Sprühregen hat frostige filigrane Verzierungen aus Raureif hinterlassen. Ich ziehe den Schlafsack hoch bis zur Nase und luge mit schmalen Augen in die märchenhaft veränderte Welt. Das feine Gespinst von Linien auf den Buchenblättern zu meiner Rechten, kristallene Perlen auf der Rinde des Baumstammes, keinen Meter von mir entfernt. Sternförmig glitzernd, kleine Kunstwerke, vom Wind geformt.

Es ist deutlich kälter als gestern Abend, doch der klare Himmel verheißt uns einen sonnigen Tag.

Die anderen sind nun auch aufgewacht. Gefroren hat zum Glück niemand. Aber jetzt kostet es etwas Überwindung, den warmen Schlafsack zu verlassen um in kalte Klamotten zu steigen.

Von Weitem hören wir den morgendlichen Autolärm der Landstraße. Eine lange Karawane von Blech und Chrom auf dem Weg in die Stadt, zur Arbeit oder zu anstehenden Terminen. Und hoch über uns sind längst auch wieder die Flieger auf ihren Routen unterwegs. Das geschäftige Leben des neuen Tages ist nicht zu überhören.

Unser Start in diesen Tag ist so ungewöhnlich, dass er uns sicher lange in Erinnerung bleiben wird. Ohne Wecker vom Morgenlicht geweckt zu werden ... Und der Gedanke: Ganz anders könnten wir leben. Ganz bei uns, bei dem, was uns glücklich macht. Die klare Luft gibts heut umsonst. Dazu die Sterne, das Licht des nächtlichen Feuers, die Geborgenheit des Schlafsacknestes, die unglaubliche Schönheit des weißgefärbten Morgenbeginns im Winterwunderwald.

Zu Hause ist der Tagesbeginn oft mühselig zäh. Der Wecker fiept lange vor sich hin, bis ich mich überwinden kann, mich auf den Weg ins Bad zu machen. Die Entscheidung: Was ziehe ich heute an? Der Kleiderschrank ist voll – und doch scheint das Richtige nicht da zu sein. Es findet sich keine passende Farbe, das Shirt, das ich eigentlich wählen würde, muss in der Wäsche sein. Welchen Eindruck werde ich in diesem Outfit hinterlassen? Und ist das wirklich entscheidend?

Wer kennt solche Überlegungen nicht? Und je mehr wir zur Auswahl haben, desto schwerer wird es.

Und hier. Was zählt hier? Was habe ich für eine Wahl, wenn ich auf einem Bein im linken Wanderschuh stehe und versuche, den anderen an den Schnürsenkeln herbeizuziehen, damit ich nicht mit den Socken ins vereiste Laub treten muss? Wie sind die überhaupt dahin gekommen ...? Wie rasch das gehen kann, in die Jeans zu schlüpfen, die Zähne mit einem Schluck Wasser aus der Flasche zu putzen, sich nur kurz zu kämmen und frisch zu fühlen, ohne großen Tanz vor dem Spiegel. Dafür hören wir das Gickern des Habichts zwischen den Baumwipfeln, sehen den funkelnden Reif auf Gräsern und Büschen und beobachten ein Rudel Rehe, die anmutig springend das Weite suchen.

Oli hat den Gaskocher angeworfen. Als das Wasser in der Blechkanne surrt, brühen wir uns Kaffee frisch auf.

Milch oder Zucker? Die Frage erübrigt sich. Wir haben weder das eine noch das andere dabei.

Der dunkle, schwarze Kaffee ist genau richtig so, wie er ist. Köstlich, der aufsteigende Duft aus dem Henkelbecher. Es macht Spaß, unter den Bäumen zu stehen, die Nase in den Wind zu halten und mit Blick gen Himmel über das Wetter zu fachsimpeln.

Samuel Koch kommt mir in den Sinn, der über die Frage nachgedacht hat, wie es ist, wenn man das nicht mehr hat, was einem bislang so wichtig war.

Er sitzt seit seinem Unfall bei „Wetten dass ...?" im Rollstuhl, vom Hals abwärts gelähmt. Und er ist dennoch dankbar für das, was er noch kann. Er philosophiert über die Wörter „Tun", „Haben" und „Sein" – wie wichtig für viele das „Tun" und das „Haben" ist – und wie schlimm, wenn dann etwas nicht mehr funktioniert oder verloren wird. Für ihn kommt deshalb zuerst das „Sein" – und dann das „Tun" und „Haben". Was für ein guter Gedanke. Hier zu sein, den Wind zu spüren, die klare Luft durch Nase und Mund strömen zu lassen, eine Tasse heißen Kaffee in den Händen zu halten. Das Frühstück „mit ohne" Tisch, Decke und Stuhl. Herrlich!

Wenn wir mehr solche kleine Fluchten wagen, wie reich wäre dann das Leben? Erst im Tun, im Ausprobieren, öffnet sich uns eine sonst im Trubel des Alltags verschlossene Welt. Wir jammern über Kleinigkeiten, stehen ratlos vor einem übervollen Kleiderschrank, können uns beim Frühstück darüber ereifern, dass der andere schon wieder die falsche Marmeladensorte eingekauft hat. Und Samuel Koch erzählt, dass es sein größter Traum wäre, eines Tages einfach wieder loszulaufen, den eigenen Körper zu spüren und sich mit der Hand an die knorrige Rinde eines Baumes anzulehnen. Einfach so.

Wir können dies – einfach so. Aber statt uns darüber zu freuen wie die Schneekönige, vertun wir unsere kostbare Zeit, indem wir uns mit Problemen beschäftigen, die eigentlich keine sind.

Ausprobieren, etwas wagen – „Learning by doing" –, das Motto der Pfadfinder scheint ein Glücksrezept zu sein. Lernen, indem ich etwas ausprobiere, es einfach tue, statt nur darüber nachzudenken. Wir können nicht durch die Erfahrung anderer glücklich werden. Es gilt, selbst aufzubrechen und zu tun, wovon wir träumen.

Sein. Ganz bei mir sein. Ganz im Augenblick. Und statt sorgenvoll in die Zukunft zu schauen, das Jetzt mit beiden Händen ergreifen.

Als wir ausgetrunken haben, packen wir zügig zusammen. Die Plane ist klamm und steif von der Kälte. Wir rollen sie vorsichtig, statt sie wie gewohnt zu falten. Schließlich ist alles in den Rucksäcken und der Kiste verstaut. „Hinterlasse an einem Lagerplatz nichts außer dem Dank an die Besitzer", soll Lord Baden Powell, der legendäre Gründer der Pfadfinder, gesagt haben. Genau das tun wir.

Als ich noch einmal zurückschaue, lassen bestenfalls unsere Fußspuren im Laub erkennen, dass fünf Menschen eine außergewöhnliche Nacht in diesem Wald erlebt haben.

Zeit-Raum

Ganz da sein.
Im Jetzt sein.
Präsent sein.
Gegenwärtig sein.
Das ist das Gegenteil von Zerstreuung.
Nicht Gleichzeitigkeit, sondern Konzentration
auf eine Sache, auf einen Menschen,
auf eine Handlung – und plötzlich gewinnt Zeit an Wert.
Sie hört auf zu rennen, verlangsamt sich.
Und manchmal scheint es sogar so,
als würde sich die Zeit unmerklich vermehren,
wenn wir ganz im Jetzt sind.
Solche Momente erleben wir dann
als erfüllte Zeit.

So entsteht ein Zeit-Raum,
in dem ich verweile, mich wohlfühle
und den ich mit anderen teilen kann.

APRIL Reif für die Insel

Dieser Monat hat es in sich: Frankfurt, München, Stuttgart, Berlin – wir sind jede Woche in einer anderen Stadt. Das normale Tagesgeschäft wechselt sich ab mit Vorträgen und hinzu kommen Familienfeste, bei denen wir nicht fehlen wollen. Unser Leben ist sehr lebendig. Für meinen Geschmack gerade viel zu lebendig, um ehrlich zu sein.

Ich bin reif für die Insel. Und das im April. Das Jahr hat doch gerade erst begonnen – noch dazu mit besten Vorsätzen, es dieses Mal ganz anders anzugehen. Jetzt beginnt der Frühling, zumindest im Kalender. Wenn er denn käme, der Frühling. Dieses Jahr hält er sich dermaßen zurück, dass man meinen könnte, es wäre ihm selbst zu kühl und zu frostig. Die Natur wartet so wie wir auf die ersten warmen Tage. Wo bleiben die kraftvollen Strahlen der Sonne, die Felder und Wälder mit Licht fluten?

Seit unserer letzten Nacht unter freiem Himmel sind sieben Wochen vergangen. Der April dauert nur noch drei Tage. Wir müssen heute losziehen, wenn wir unserem Plan treu bleiben wollen, in jedem Monat einmal draußen zu schlafen. Aber irgendwie hatten wir in den letzten Tagen stets gute Gründe, das Vorhaben noch ein wenig aufzuschieben. Denn immer noch ist es in den Nächten richtig kalt und wenn es nach dem bloßen Wohlfühlen geht, dann würde ich auch heute nicht aufbrechen. Ich sitze an unserem Küchentisch und folge mit den Augen den schönen Mustern, die das Sonnenlicht aufs Holz malt. Meine Hände habe ich um eine Keramiktasse mit Tee gelegt, ein Stück selbst gemachter Apfelkuchen versüßt die Wartezeit. Jetzt, vom Küchentisch aus, sieht alles ganz heimelig aus. So könnte es bleiben ... Ich habe mich vorhin nach dem Spaziergang mit unserem Hund richtig gefreut, als ich endlich wieder im warmen Haus war.

Olaf und mir sind die Gründe ausgegangen. Und wir spüren: Wenn wir jetzt nicht aufbrechen, wird es nichts mehr. Das Packen geht schnell, wir beschränken uns dieses Mal auf das Allernotwendigste. So leicht wie dieses Mal war unser Gepäck noch nie und das hat einen guten Grund. Wir haben weder Wechselkleidung noch Kocher dabei und auch kein Wasser für den morgendlichen Tee. Gerade mal Schlafsack, Matte, Plane zum Unterlegen, eine Thermoskanne mit Tee, Taschenlampen und Kopfkissen – das ist die ganze Ausrüstung. Dieses Mal werden wir nur einen Kilometer entfernt übernachten, sozusagen direkt vor der Haustür.

Da wir keinen Wert darauf legen, Spaziergängern oder Joggern zu begegnen, wenn wir uns ein Plätzchen zum Schlafen suchen, brechen wir bewusst erst so spät auf. Die Turmuhr schlägt gerade neun Mal, als wir in unser nächtliches Abenteuer starten und die Wohnungstür hinter uns ins Schloss ziehen.

Schweigend laufen wir den Feldweg entlang, dem Wald entgegen. Erste winzige, hellgrüne Blätter sprießen an den Zweigen. Die Knospen sind so prall, dass sie unmittelbar aufspringen könnten. Das verändert den Wald auf eine besondere Weise. Man kann nicht mehr so weit zwischen den Stämmen hindurchsehen, die Natur hat sich verdichtet. Es wird vermutlich keine Woche mehr dauern, bis zartes Maigrün überall hervorsprießt und den Wald in ein Blättermeer verwandelt. Der Frühling steht in den Startlöchern wie ein Sprinter, der nur noch auf das entscheidende Signal wartet, das spüren wir.

Ab und an zwitschert ein Vogel in den Weidenbüschen am Wegrand. Abgehackt und kurz klingt es, als würde er einen abschließenden Kommentar zu diesem Tag geben. Es duftet erdig und würzig, als wir zwischen den Bäumen hindurchlaufen. Das muss Bärlauch sein, der auf dem Waldboden zwischen Gräsern und Buschwindröschen unter dem Schutz der Buchen heranwächst. Ich nehme mir vor, morgen bei Tageslicht danach Ausschau zu halten.

Als wir die schmale Holzbrücke erreichen, unter der sich der Kanal zum See hin öffnet, bleiben wir stehen. Unter der Brücke gluckst das Wasser, fließt rasch in kleinen Stufen über einige Steine, verlangsamt dann seinen Fluss, um sich nach und nach träge in den See zu verströmen. Schilf säumt das Ufer.

Geheimnisvoll rascheln dürre Halme, als würden sie einander Geschichten erzählen, die niemand sonst hören soll. In sicherer Entfernung zu uns stelzt ein Graureiher am Ufer entlang. Immer wieder bleibt er stehen und hebt ein Bein hoch aus dem Wasser, als wäre es ihm zu kalt, um länger stehen zu bleiben.

Als wir weitergehen, den Hauptweg verlassen und einen schmalen Pfad durch den Wald nutzen, hören wir plötzlich seitlich von uns ein Knacken. Im Unterholz springt ein Reh davon, das wir wohl überrascht haben. Es flieht, entwickelt dabei aber keine Eile, sondern bleibt immer wieder stehen, um sich mit achtsam aufgestellten Lauschern davon zu überzeugen, dass wir ihm nicht folgen. Menschen mit Rucksäcken scheinen keine Gefahr zu sein.

So können wir ihm hinterherschauen und bewundern, wie das Tier mit Leichtigkeit über Büsche und liegende Baumstämme springt. Sobald es stehen bleibt, verschmilzt sein Fell mit dem dunklen Hintergrund, und wir können es kaum noch wahrnehmen. Es ist eine perfekte Anpassung und Tarnung zugleich.

Kaum zwanzig Minuten nachdem wir aus dem Haus getreten sind, erreichen wir einen Durchbruch in der Mauer, die das Gelände des alten Jagdschlosses umgrenzt, und folgen dem schmalen Weg aus dem Wald hinaus auf einen Damm. Reichlich einhundert Meter führt er uns durch dichtes Schilf, bis wir die Halbinsel betreten. Locker verteilt wachsen Eichen, Birken und Hainbuchen, dazwischen liegt eine größere, freie Fläche. Auf diesen Wiesen oder Moosflächen lässt es sich im Sommer ausgezeichnet picknicken, vorausgesetzt, die Mücken sind noch nicht in großen Schwärmen unterwegs.

Wir halten uns links, bis wir am Ufer stehen. Von hier aus können wir über den See in seiner ganzen Länge schauen. Am nördlichen Ende der Insel und dem Festland zugewandt ist sie von dichtem Röhricht gesäumt. Die trockenen Halme und Gräser rascheln, als hätten sich dort ganze Kolonien von Tieren eingenistet. Reiher streiten sich kreischend mit Enten und Wildgänsen um die besten Plätze am flachen Einlauf des Kanals. Zierliche Teichrohrsänger klettern behände an schlanken Schilfrohren empor und geben ihren Kommentar dazu. Erstaunlich, wie laut die Geräusche der gefiederten Bewohner zu hören sind, wenn es langsam Nacht wird. Ich dachte, die würden alle längst schlafen, doch die Wasservögel scheinen Nachteulen zu sein. Immer wieder starten und landen einige von ihnen lautstark keckernd und gackernd, sodass an abendliche Stille längst nicht zu denken ist.

Noch reicht das Licht, um in der Dämmerung den Boden nach einem passenden Platz für unser Lager abzusuchen. Trocken und eben soll der sein, möglichst nicht vom Weg aus zu sehen und nach oben hin so frei, dass uns keine Äste oder Zapfen auf den Kopf fallen können. Im hinteren Teil der Insel, etwas versteckt hinter niedrigem Gebüsch, finden wir unseren Lagerplatz. Zwei schlanke, junge Buchen stehen wie Geschwister beieinander. Wenige Meter dahinter neigt sich der Boden zum Schilfgürtel hin und zwischen den beiden Bäumen gibt es eine flache Stelle ohne störende Wurzelballen, auf der wir uns ausbreiten können.

Ankommen

Ankommen, sich zu Hause fühlen. Spüren,
dass es das Leben gut mit mir meint.
Mich ausruhen können von den Strapazen
des Weges, die Last dessen, was ich mit mir trage,
absetzen können.

Weiches Moos – wenn ich mit der Hand darüberfahre,
kommt tiefe Freude auf.
Wir brauchen solche Freuden-Momente mehr denn je.
Zeiten, in denen wir neu entdecken,
wie schön unser Dasein ist.

Ankommen, sich zu Hause fühlen –
und sei es nur auf Zeit.

Trockenes, fahlbraunes Herbstlaub hat sich wie ein Über-
bleibsel des Winters zwischen herumliegenden Ästen angesammelt. Rasch fegen wir es mitsamt den Ästen und piksigen
Bucheckern zur Seite. Dann wird die Decke ausgebreitet, Matten und Schlafsäcke darauf ausgerollt und fertig ist das Nachtquartier.

Ich atme tief durch, spüre die frische, kühle Luft in meinen
Lungen. Es fühlt sich an, als würde sie mich von innen her rei-
nigen. Was bin ich froh, dass wir es tatsächlich auch in diesem
Monat trotz der vielen Arbeit schaffen, draußen zu nächtigen.

Tiefe Zufriedenheit macht sich in uns breit. Wenn wir das
gewohnte Umfeld verlassen, hinausgehen in die Natur, dann
spüren wir beide ganz stark eine neu aufkeimende Lebenskraft,
die damit verbunden ist. Wie sie uns mutig macht, anstiftet,
Unmögliches für möglich zu halten und Neues zu wagen.

Als könnten sie so viel Zuversicht nicht aushalten, verflüch-
tigen sich sorgenvolle Gedanken nach und nach aus unseren
Köpfen. Es fühlt sich an, als würden wir mit leichterem Gepäck
leben. Wir freuen uns an dem, was uns gerade umgibt: eine zau-
berhafte Abendstimmung mit Hunderten von Wasservögeln,
ein frischer und dennoch frühlingshafter Abend mit aufstei-
gender feuchter Kühle, die Nähe des anderen und das Wissen,
dass diese kostbaren Minuten uns allein gehören.

Olaf hat einen hölzernen Jägerstand am Ufer entdeckt. Wir
klettern wenige Sprossen hinauf und können von hier aus,
nebeneinander sitzend, den Teich und das Schilf gut überblicken. Ein traumhafter Platz.

Halt suchend krallen sich dicke Wurzeln der Bäume wie
schwarze knorrige Finger in den Boden. Die Insel verändert ihr
Aussehen mit jeder Viertelstunde. Standen vorhin die Bäume
noch in kleinen Gruppen, so bilden sie jetzt eine düster wir-
kende Mauer und ihre Kronen neigen sich so dicht zueinan-
der, als würden sie den Blick zum Himmel verbergen wollen.

Schweigend hören wir auf die Geräusche der Nacht. Die Vögel zwitschern nur noch verhalten. Kein Windhauch bewegt die Zweige. Es ist ruhig, wenn auch nicht still. Leise gluckst das Wasser in der steinigen Bucht seitlich von uns.

Mittlerweile ist es ganz dunkel geworden. Der klare Nachthimmel verheißt uns einen fantastischen Sternenreigen. Ich lehne mich an Olaf, froh diese Zeit mit ihm zu teilen. Glücklich über so schlichte Dinge wie den warmen, duftenden Tee, den wir uns aus der Thermoskanne in die Becher gießen.

Hier draußen empfinde ich es als puren Luxus. Es sind diese Momente, die uns innerlich tragen. Sie machen es uns leichter, vertrauensvoll und zuversichtlich zu leben.

Wir unterscheiden uns vor allem in einem Punkt. Während Olaf solche Übernachtungstouren auch allein durchziehen würde, traue ich mich nicht über Nacht nach draußen. Ich bin zu ängstlich, sehe viele Hindernisse, wo Olaf die Herausforderung lockt. Er weiß aber auch die Vorteile unserer Zweisamkeit zu schätzen. Denn zu zweit durch den Wald zu laufen, sich gemeinsam über Rehe und Vögel zu freuen, über Morgennebel oder Sonnenuntergänge zu staunen, macht deutlich mehr Freude! Und hierin sind wir uns absolut einig.

Inzwischen ist es richtig dunkel. Der Sternenhimmel glitzert und funkelt über unseren Köpfen so weit das Auge reicht. Das Sternbild des „Großen Wagens" mit seinen sieben Sternen erkennen wir mit zusammengekniffenen Augen direkt. Wenn man die Rückwand des Wagens fünfmal verlängert, findet man in dieser Richtung den Nordstern. Klein, fast unscheinbar erscheint uns dieser Fixstern, der doch so viel Orientierung gibt. Wo Kassiopeia, Adler oder Orion zu finden sind, erkennen wir leider nicht. Stattdessen malen wir uns eigene Sternbilder aus, fantasieren Tiere und Formen an den Himmel. Dass wir so wenig wissen, uns so wenig merken können, ist schon ein wenig ernüchternd. Wir schießen Satelliten ins All, erkunden mit Sonden das Innere von Herzkammern – und kennen uns im Wald vor unserer Haustür kaum aus, geschweige denn am Firmament.

Matthias fällt mir ein, ein Kollege und Freund aus der Hochschule. Der Theologieprofessor ist fasziniert vom Kosmos und ein hingebungsvoller Sternengucker. Er kennt sich mit den Himmelskörpern bestens aus. Durch sein Fernrohr haben wir schon den Ring des Saturns bewundern können. Matthias wüsste jetzt begeisternde Geschichten über Sonne, Mond und Sterne zu erzählen. Ich beschließe, ihn zu fragen, wieso wir mitten in der Nacht den Mond nicht sehen können. Müsste er nicht irgendwo am Horizont auftauchen? Je mehr wir beobachten, desto mehr möchten wir wissen.

Es geht längst auf Mitternacht zu, als wir schließlich den Ansitz verlassen und die Sprossen nach unten klettern. Der Schlafsack wartet. Jacke und Jeans stopfen wir lieber in die Rucksäcke, damit am Morgen nicht alles feucht ist. Außerdem bietet der leicht gefüllte Rucksack, ans Kopfende gelegt, eine Art Schutz. Gefühlt liege ich nicht mehr so bloß auf dem Boden, sondern hinter einem kleinen Wall. Als ich mich neben Olaf ausstrecke, die Kapuze vom Schlafsack dicht zugezurrt, warm eingewickelt wie eine große Schmetterlingspuppe, sehe ich direkt in den Himmel. Die Kronen der beiden Buchen haben über uns eine Lücke gelassen, als wollten sie unseren Blick geradewegs auf das blauschwarze Firmament mit den vielen leuchtenden Punkten lenken. Unbeschreiblich schön, hell und klar leuchten die Sterne.

Wenn man sie eine Weile anschaut, scheinen sie sich zu vermehren, in die Tiefe des Alls hinein. Wir ahnen die unendliche Weite des Himmels. Niemand weiß, wie viele Sterne und

Planeten dort draußen zu finden sind. Das Licht ist Jahre unterwegs, bis es bei uns ankommt. Das kann man sich kaum vorstellen! Ich sehe es doch, jetzt in diesem Augenblick. Ich fühle mich winzig, so auf der bloßen Erde liegend. Und dennoch gehöre ich dazu, bin ein Teil des großen Ganzen. Ehrfurcht ist wohl die richtige Beschreibung für dieses Gefühl, klein und groß, bedeutsam und unwichtig zugleich zu sein. Wer bin ich inmitten dieses Universums? Und gibt es da draußen irgendwo mehr, als ich ahne? Wo begegnen wir Gott?

Zum ersten Mal liege ich völlig entspannt draußen im Wald, fühle mich so geborgen unter diesem Zelt aus Sternen hoch über mir, dass ich selbst darüber staune. Ich bin nicht einsam, sondern verbunden mit etwas, was größer ist als ich. In diesem Moment kann ich mir sogar vorstellen, einmal ohne Olaf an diesem Ort zu übernachten. Ein kühner Gedanke. Den hebe ich mir tief innen auf. Vielleicht traue ich mich tatsächlich irgendwann.

Mitten in der Nacht schrecke ich auf. Ein ganz unheimliches Rollen und Poltern von Steinen ist zu hören. Klingt, als würde ein großer Geländewagen über den Kies rumpeln oder sich eine Horde Wildschweine durch das Gelände bewegen. Schlagartig bin ich hellwach, setze mich im Schlafsack auf und ziehe die Mütze von den Ohren, um besser hören zu können. Adrenalin pulst durch den Körper.

Auch Olaf ist wach und lauscht angestrengt. „Was ist das?", flüstere ich kaum hörbar. Olaf gibt mir ein Zeichen, still zu sein, er ist selbst überrascht. Sind Jäger in der Nacht mit dem Geländewagen unterwegs zu ihren Hochsitzen? Sind es Tiere, die in einer Horde laufen und diese Geräusche machen? Wir können es nicht sagen.

Plötzlich fühle ich mich nicht mehr geborgen und sicher, sondern rücke instinktiv näher an Olaf und zum Stamm der

Buche hinter uns, als könnten sie mich schützen. Die Sekunden, die wir angestrengt ins Dunkel lauschen, kommen uns wie Minuten vor. Wir können nichts tun, außer abzuwarten. Dann entfernt sich das seltsame Poltern zum Wald hin und ist schließlich nicht mehr zu hören. Stille breitet sich über uns aus. Dennoch ist es schwer, sich wieder in den Schlafsack zu rollen und noch dazu eine Kapuze aufzusetzen, unter der heraus man wenig hören kann. Ich fühle mich ausgeliefert und kann dem Gedanken, dass es ja auch ein kleines Abenteuer werden sollte, wenn wir hier draußen schlafen, nur mühsam etwas Gutes abgewinnen.

Schließlich gelingt es mir, mich zu beruhigen, mir Erklärungen auszudenken, die mich ein wenig entspannen und mit denen ich irgendwann tatsächlich wieder einschlafe. Vielleicht war es wirklich ein Jeep. Aber jetzt bleibt es still. Wenn er da war, ist er weitergefahren.

Stunden später wache ich erneut von Geräuschen auf. Doch dieses Mal sind es die Vögel. Sie trällern, zirpen, zittern, keckern, tröten und singen in unglaublicher Vielfalt und Lautstärke. Der ganze Wald ist davon erfüllt. Ein neuer Tag beginnt.

Mein Schlafsack ist mit einer hauchdünnen Eisschicht überzogen. Nachtfrost hat sich mit der feuchten Luft über dem See verbunden und glitzert mit den ersten Sonnenstrahlen um die Wette. Als ich mich umdrehe, sehe ich, dass Olafs Schlafsack leer ist. Keine fünf Minuten später kommt er über die Insel im golden schimmernden Morgenlicht zwischen den Bäumen auf mich zugelaufen, ein breites Grinsen im Gesicht. Er lockt mich aus dem warmen Schlafsacknest, um mir einen Sonnenaufgang am Seeufer zu zeigen, wie man ihn sich kaum schöner vorstellen kann.

Der ganze See schimmert lila und zartrosé, dahinter färbt sich purpurfarben ins Blau des Himmels verlaufend der Horizont.

Die Sonne taucht in Zeitlupe als gelber, leuchtender Ball auf. Fächerartig ergießt sie ihre Strahlen, als würde sie Himmel und Erde damit verbinden. Dazu das Konzert der Vögel. Olaf legt seine Arme um mich, gibt mir Wärme und Halt. Wir stehen minutenlang stumm, andächtig, beschenkt von so viel Schönheit.

So begrüßen wir den neuen Tag, dessen Einzigartigkeit uns in diesem Moment überdeutlich ist. Leichte Nebelschleier erheben sich über dem See, lösen sich auf in der Sonne, und als ich meinen Blick schweifen lasse, entdecke ich auf einmal den Mond. Beinahe rund, selbst am Morgen noch hell am Himmel leuchtend steht er dort und macht diesen Augenblick vollkommen.

Sonne, Mond, Sterne, See und Wald, die Vögel und wir zwei – es hat etwas Paradiesisches an sich und füllt unsere Herzen bis oben hin mit Glück. Als wir kurze Zeit darauf unsere Schlafsäcke in den Rucksack packen und den vertrauten Heimweg durch den lichtdurchfluteten, lindgrünen Wald antreten, sind wir uns ganz sicher: Jetzt bricht der Frühling wirklich an. In uns hat er längst begonnen.

Wachsen

Knospen sprießen in sattem Grün,
der Wald erwacht zu neuem Leben.
Die Luft schmeckt anders,
nach Aufbruch und Weite.

Was für ein Geschenk!

Meine Seele erfüllt
von Zuversicht auf das was kommt.
Der Winter ist vorüber.
Alles. Anders.

Mai Am See

Wir sitzen auf den Steinstufen vorm Haus, eine Packung schwedische Haferkekse macht die Runde. Die Studenten stehen und sitzen in Grüppchen im sonnigen Innenhof. Einige zurren die Isomatten fest, andere prüfen, ob der Rucksack gut sitzt, einer hat tatsächlich seine Gitarre zur Hand und stimmt einige Akkorde an. Scheint so, als würde er sie mitnehmen wollen.

Uns soll es recht sein. Die beiden Bedingungen für die Teilnahme an unserer nächtlichen Tour waren: Jeder muss seine Sachen selbst tragen und jeder muss etwas mitnehmen, was wir zum abendlichen Vesper im Wald miteinander teilen können. Wir hatten außerdem im Vorfeld eine Packliste erstellt und zusammengetragen, was man unbedingt dabeihaben sollte: Schlafsack, Isomatte und eine Flasche Wasser, Mückenschutz, Taschenlampe und etwas zum Überziehen, wenn es kühl wird am Abend. Aber am wichtigsten ist den meisten anscheinend das abendliche Picknick unterwegs. Dafür sind sie bereit, ihre Rucksäcke vollzustopfen. Eigentlich brauchen wir herzlich wenig. Es lässt sich mehr improvisieren, als man gemeinhin denkt. Und für eine einzige Nacht, in der das Lager fußläufig von zu Hause erreichbar ist, benötigen wir weder Gaskocher noch Beil oder Kochgeschirr. Es ist Mai. Wir haben mildes Frühlingswetter. Keiner muss befürchten zu frieren oder von Regenschauern überrascht zu werden. Es bleibt schon recht lange hell, und morgens können selbst Frühaufsteher damit rechnen, dass die Dämmerung einsetzt, bevor sie ihre Augen aufmachen.

Wir sind froh zu wissen, wo wir mit einer derart großen Gruppe lagern können. Es wäre unverantwortlich, einfach ins Grüne hineinzulaufen, zumal wir uns überwiegend im Naturschutzgebiet bewegen, was bedeutet, dass wir dort nicht schlafen und lagern können. Aber ungefähr zehn Kilometer entfernt gibt es ein privates Gelände, das wir nutzen dürfen.

Natürlich haben wir beide als Gruppenleiter eine Erste-Hilfe-Ausrüstung für Notfälle und Handys dabei, allerdings werden wir sie nur im Ausnahmefall einschalten. Dieses Mal tragen wir Verantwortung nicht nur für unser Wohlbefinden, sondern für reichlich zwanzig Studentinnen und Studenten, zumindest für deren körperliche Sicherheit.

Es wird Zeit aufzubrechen, wollen wir vor Einbruch der Dunkelheit das Waldgrundstück erreichen, in dem wir lagern werden. Doch wir sind nicht vollzählig. Eine Person wird noch erwartet. Also mache ich mich auf, klopfe wenig später an die Zimmertür der jungen Frau und staune nicht schlecht, sie lesend am Schreibtisch anzutreffen, während alle auf sie warten. Ein zeitliches Missverständnis? Nein, das ist es nicht. Sie schafft es nicht, den Schritt vor die Tür zu setzen. Noch nie war sie in der Nacht draußen im Wald.

Damit ist sie nicht allein. Seit Jahren beobachten Forscher, dass Kinder in unserer technisierten Welt immer weniger Möglichkeiten haben, die Natur auf eigene Faust zu erkunden. Mal ist keine Zeit dafür da, mal gibt es keine Begleiter, die mitgehen, mal ist es zu gefährlich und dann wieder zu langweilig ohne Steckdosen, an denen man den Handy-Akku aufladen könnte.

Mehr als fünfzig Prozent der Menschen leben weltweit in Städten. Und hier stehe ich einer fitten, unternehmungslustigen Person gegenüber, die sich vieles in ihrem Leben vorstellen kann, nicht aber eine Nacht unter freiem Himmel zu schlafen.

Angemeldet hatte sie sich – aber jetzt ist an eine Teilnahme irgendwie nicht mehr zu denken.

Überzeugungsarbeit ist angesagt. Ich erzähle, schwärme, erkläre und ermutige – und schließlich stehen wir zehn Minuten später tatsächlich im Hof. Den Rucksack hatte sie immerhin gepackt, sich dann aber anscheinend in letzter Minute umentschieden. Ohne weitere Erklärungen brechen wir gemeinsam auf, laufen die Straße hinunter und lassen den Ort hinter uns. Das Maigrün der ersten Blätter in dem noch lichten Wald ist eine Wohltat für die Augen. Zart schieben sich die jungen Triebe aus dem Boden, ab und zu riecht es intensiv nach wilden Kräutern. Schlagartig werden die Gespräche leiser, als könnten wir die zwitschernden Vögel in den Ästen über uns sonst aufschrecken. Als der Lärm der Straßen in der Ferne endlich leiser wird, fühle ich mich wie befreit.

Jedes Mal ist es wieder faszinierend zu erleben, wie die Natur unsere Sinne schärft. Ein schnelles Rascheln im Unterholz, das Knarren von Stämmen, die lauten Schreie der Graureiher, die über den Wipfeln zum See hinfliegen – jedes ungewohnte Geräusch weckt die Aufmerksamkeit. Neugierig folgen unsere Augen den Lichtreflexen oder plötzlichen Bewegungen in den Blättern. Es riecht nach feuchter Erde und ist merklich kühler als noch im Ort. Unwillkürlich atme ich tiefer ein.

Irgendwo entfernt ruft ein Kuckuck. Dieses Geräusch habe ich schon als Kind unheimlich gern gehört und auch heute zähle ich leise mit, wie oft das Kuckuck durch den Wald klingt. Zwei Eichhörnchen krallen sich in die Rinde eines Baumes und sausen mit scharrendem Laut den Stamm empor. Eichelhäher alarmieren mit ihrem Krächzen die Bewohner des Waldes über unser Kommen. Dabei ist unsere Ankunft längst kein Geheimnis mehr, denn jedes Tier im Umkreis von etlichen Hundert Metern hört das Knirschen der vielen Schritte im Kies und die munteren Gespräche.

Eine Gruppe ist grundsätzlich nie zu überhören. Das ist auch ein Grund, warum wir sonst nur zu zweit in die Natur gehen. Will man der Natur eine Spur näher kommen, ist es besser, sich allein einen Sitzplatz am Waldrand oder Flussufer zu suchen und still dort zu verweilen. So nehmen wir die Umgebung intensiver wahr.

Ob es gelingen kann, dass jeder, der dabei ist, der Natur auf eine neue Art und Weise näher kommt? Wir können nur den Rahmen schaffen und dann gespannt sein, was sich daraus entwickelt. Dass es nicht ohne Wirkung bleibt, davon sind wir überzeugt und das ist auch der Grund, warum wir jungen Menschen, künftigen Pädagogen, diese Erfahrungsräume ermöglichen möchten.

Denn nur was wir schätzen, werden wir schützen. Nur was wir selbst als wertvoll erfahren haben, können wir anderen zugänglich machen. Wie können wir einander mitfühlend begegnen, die Vielfalt der Natur erhalten?

Es braucht ein Empfinden für die Schönheit, die Einzigartigkeit der Lebensräume, den Schatz, den wir in den Wäldern und Feldern, unmittelbar vor unseren Haustüren, entdecken können. Das alles lässt sich nicht aus Büchern lernen, auch dieses Buch ist nur ein erster Fingerzeig. Es braucht das unmittelbare Erlebnis, die eigene Erfahrung des Glücks in den Tiefen der Wälder.

Eines steht fest: Auf jeder Wanderung, auf jedem noch so kleinen Spaziergang in der Natur bekommen wir viel mehr zurück, als wir suchen.

Wissens Wert

Die meisten Menschen wissen gar nicht,
wie schön die Welt ist und
wie viel Pracht in den kleinsten Dingen,
in irgendeiner Blume, einem Stein,
einer Baumrinde oder einem Birkenblatt
sich offenbart.

Es geht eine große und ewige Schönheit
durch die ganze Welt,
und diese ist gerecht
über den kleinen und den großen Dingen verstreut.

Rainer Maria Rilke

Sanft ansteigend zieht sich unser Weg durch den in der Nachmittagssonne schimmernden Wald. Das Farbspiel des Blätterdaches über uns ist herrlich. Sattes Hellgrün wechselt mit dunklen Tönen, dazwischen brechen sich glitzerndhell die Strahlen der Frühlingssonne. Wenn der Wind durch die Baumwipfel fährt, erhebt sich ein silberhelles Rauschen, als würden sich Tausende von Schwingen in Bewegung setzen. Schräg gegen den ansteigenden Hang zu unserer Rechten zeichnen die Strahlen feingliedrige Lichtkegel, deren Ränder verschwimmen. Der Waldboden verströmt einen intensiven Duft. Endlich Frühling! Ob die anderen das auch sehen?

Bewusst gehe ich einige Meter hinter den Letzten der Gruppe. Gesprächsfetzen dringen an mein Ohr. Die anstehende Prüfung, die Viren auf dem Computer, die nächsten Reisepläne. Ob in alldem Raum für das Schöne des Moments bleibt?

Als hätte sie auf unsere Ankunft gewartet und könnte sich nun geruhsam verabschieden, versinkt die Sonne in Zeitlupe glutrot am Horizont, als wir den Rastplatz am Ufer des Sees erreichen. Viele sind erleichtert, dass wir da sind, denn der Rücken schmerzt von der ungewohnten Last. Letzte Sonnenstrahlen schimmern noch eine Weile wie flüssiges Gold auf dem Wasser, dann verfärbt sich alles blaugrau, die Dämmerung bricht an.

Am gegenüberliegenden Ufer erhebt sich aus der Krone einer Kiefer auf einmal mit wenigen, kraftvollen Flügelschlägen ein großer dunkelbrauner Vogel mit weißen Schwanzfedern. Hell und abgehackt klingt sein heiserer Schrei, als er an Höhe gewinnt. Das muss einer der Seeadler sein, die ihren Knüppelhorst ganz in der Nähe haben. Den riesigen Horst haben wir früher schon einmal auf einer Wanderung erspäht, den Adler noch nicht. Jetzt zieht er eine große Schleife über dem See. Wir schauen ihm nach, beeindruckt, dass es wieder

Adler in der Gegend gibt. Wenn ich einen dieser großen Greif-vögel so majestätisch über den Himmel gleiten sehe, erinnert es mich daran, im Leben den Aufwind zu nutzen. Wie oft mühen wir uns und verpassen den richtigen Moment, etwas zu tun. Statt den Aufwind zu nutzen, betreiben wir einen riesigen Auf-wand und kommen dennoch kaum vom Fleck.

Von den Vögeln können wir lernen, manches leichter zu nehmen und mit dem Wind zu gleiten.

Im Aufwind

Reglos sitzt er da,
aufmerksam, nicht angespannt,
achtsam, nicht argwöhnisch,
konzentriert und gelassen.

Dann ein unmerklicher Impuls,
tief in ihm,
aus der Mitte,
aus dem Herzen.

Kraftvoll breitet er mächtige Schwingen aus.
Zwei, drei Schläge nur,
dann trägt ihn die Luft,
zieht ihn der Himmel hoch hinauf,
in Kreisen der Sonne entgegen.

Aufwind statt Aufwand.

Es wird frisch, als wir das Abendessen vorbereiten. Wir ziehen wärmere Jacken über und schnüren die Rucksäcke auf. Die gigantische Holztafel ist aus zwei Stämmen gehobelt. Bänke bieten Platz für uns alle. Gemeinsam an einem Tisch zu essen, ist leider heute für viele Familien nicht mehr selbstverständlich. Jeder isst, wann, was und wie er will. Wie viel geht verloren – an Gemeinsamkeit und Möglichkeiten für ein gutes Gespräch?

Deshalb feiern wir hier ganz bewusst unsere Gemeinschaft, laden ein, das, was wir mitgebracht haben, großzügig zu teilen. Jeder packt aus, was er gerne isst und legt es in die Mitte. Leckeres Vollkornbrot, frische Gurke, Fingersalami, Butterbrezeln und Frischkäse, Paprika und Kohlrabischnitze, Würstchen und sogar zwei Schüsseln mit Nudelsalat werden aufgetischt. Wie schön ist es, solche Köstlichkeiten in guter Gesellschaft zu genießen. Es wird gemütlich, als wir zusammenrücken. Laut und lustig geht es zu. Jeder wird satt, alle können die Vielfalt genießen.

Als die Tafel sich leert, packen wir zusammen. Jetzt sind die Rucksäcke deutlich leichter. Es wird auch Zeit, dass wir weitergehen, denn inzwischen ist es merklich dunkler geworden. Noch fällt genug Tageslicht auf den Weg, sodass wir keine Stirnlampen brauchen. Die Augen gewöhnen sich bald an das diffuse Licht, als wir weiterlaufen.

Einige fragen, wie weit es noch ist. Das Wandern mit Gepäck ist anstrengend, aber wir kommen dennoch gut voran. Eine Stunde später erreichen wir offenes Feld. Hier endet das Naturschutzgebiet und der Wald geht in eine Wiesenlandschaft über, die zu einem schilfgesäumten See führt. Unweit davon, auf einem kleinen Hügel, liegt ein Laubwald. Er ist in privatem Besitz. Nur wer den Weg kennt, bemerkt den schmalen Pfad, der vom Hauptweg ins Unterholz führt. Wir waren schon oft hier, mit Erlaubnis des Besitzers. Wer sich, ohne Spuren zu hinterlassen, in der Natur bewegen kann, der hat eine große Freiheit, gute Lagerplätze zu nutzen. Es gibt einen Ehrenkodex für Wildnisliebhaber, nicht nur unter Pfadfindern: den Lagerplatz besser zu verlassen, als du ihn vorgefunden hast. Sorgsam suchen wir deshalb vor dem Weggehen jeden Lagerplatz ab. Jeder noch so kleine Schnipsel wird aufgehoben, die Spuren verwischt.

Olaf führt die Gruppe durch das Dickicht in den dunklen Laubwald. Ich bin am Waldrand stehen geblieben und schaue ihnen nach. Während sich die Geräusche ihrer Schritte immer mehr entfernen, warte ich auf die Nachzügler unserer Gruppe, die langsam den Hügel heraufkommen. Endlich nähern sich drei, die in der letzten halben Stunde zurückgefallen waren. Im Zwielicht kann ich ihre Gesichter mehr erahnen als erkennen.

Sie sind besorgt, denn zwei Frauen fehlen noch. Nach der Rast müssen sie irgendwo unterwegs den Anschluss verloren haben. Um ihnen die Richtung zu weisen, haben die anderen aus Holzstöcken Pfeile gelegt. Es erinnert mich an frühere Geländespiele, nur dass es jetzt ernst wird, wenn die beiden die Zeichen in der Dunkelheit nicht entdecken. Im schlimmsten Fall müssten sie den ganzen Weg im nachtschwarzen Wald zurücklaufen zu dem Ort, an dem wir gestartet sind – oder zumindest bis zu den Bänken am See, an denen wir gemeinsam gerastet haben. Eine ziemliche Herausforderung.

Mir wird noch einmal mehr deutlich, wie wichtig es ist, zu wissen, wohin wir gehen, statt nur hinterherzulaufen. Wir sind immer verantwortlich für unsere Wege, egal ob in der Gruppe oder allein. Wären sie dabeigeblieben, hätten sie sich nicht verirrt. Doch „hätte" und „könnte" hilft jetzt auch nicht weiter. Was können wir tun? Wir entscheiden, dass zwei von uns am Waldrand bei den Rucksäcken bleiben, um den anderen später den Weg zum Lagerplatz zu weisen.

Gemeinsam mit einer der Nachzüglerinnen gehe ich los, bergab, den Weg, den wir gekommen sind. Hoffentlich entdecken wir die beiden Vermissten bald!

Wir sind schon gut einen Kilometer gegangen, als wir in der Ferne einen schwachen Lichtschimmer sehen. Das könnten sie sein.

Der Schein einer Taschenlampe bewegt sich suchend in verschiedene Richtungen. Sie sind offensichtlich an einer Wegkreuzung stehen geblieben und überlegen, wie es weitergeht. Mit einem scharfen Pfiff versuchen wir die beiden auf uns aufmerksam zu machen, dazu heben und senken wir eine Taschenlampe. Sie müssen uns gehört oder gesehen haben, denn wir merken, dass sich der Lichtstrahl nun auf uns zubewegt. Eine Viertelstunde später tauchen die beiden vor uns auf.

Lebenswege

Wie oft stehen wir an einer Wegkreuzung
und können uns nicht entscheiden.
So viele Möglichkeiten.
So viele Spuren, derer, die uns vorangegangen sind.
Aber welcher Weg ist für uns der richtige?
Wie sehr sehnen wir uns nach einem Fingerzeig,
nach einem Hinweis,
nach einem Zeichen, das uns den Weg weist?

Wir alle sind jetzt sehr erleichtert! Wenn wir den beiden nicht entgegengekommen wären, hätten sie uns vermutlich heute nicht mehr gefunden. Es war tatsächlich ein Missverständnis beim Aufbruch am Rastplatz und ein Augenblick der Unachtsamkeit, so waren die beiden auf sich gestellt. Noch etwas außer Atem erzählen sie uns, wie sie sich überlegt haben umzukehren. Doch dann fanden sie die Wegweiser der anderen, fühlten sich geleitet und wussten, dass wir auf sie warten würden. Nun bricht die Aufregung der letzten Stunde doch aus ihnen heraus. Wie die aufkommende Dunkelheit sich plötzlich bedrohlich anfühlte, wie sie die Geräusche, Schatten und Bewegungen im nächtlichen Wald zunehmend erschreckt haben. Klar weiß jeder von uns, dass die Fantasie uns Bilder vorgaukelt, die nicht der Wirklichkeit entsprechen, doch dieses Wissen kann den aufgescheuchten Geist nicht beruhigen. Er führt ein Kopfkino auf, was sich erst jetzt, wo das ungewollte Abenteuer überstanden ist, beenden lässt.

Das gemeinsame Lachen über das Missgeschick tut gut.

Wir sind erleichtert und froh, als wir wenig später den Waldrand und die beiden Wartenden erreichen und dann im Schein der Stirnlampen gemeinsam dem schmalen Pfad zum Lagerplatz folgen. Mit großem Hallo werden wir empfangen. Die anderen haben sich inzwischen schon richtig urig eingerichtet. Zwischen den Birken sehe ich im Lichtkegel drei Hängematten über einem Teppich von hohen Gräsern baumeln. Es sieht nach Bullerbü aus. Ich hoffe, das Gras wird ihnen nicht zum Verhängnis – denn sobald die Mücken ausschwärmen, ist es vorbei mit der Gemütlichkeit.

Jeder wählt für sich den richtigen Ort, an dem er die Nacht verbringen möchte. Olaf und ich ziehen eine große Lichtung als Schlafplatz vor. Olaf ist schon eine ganze Weile da und hat für uns alles vorbereitet. Ich setze den Rucksack ab, lege meine

Matte neben Olafs und rolle den Schlafsack aus. Dann strecke ich mich erst mal darauf aus. Das tut gut nach dem langen Weg! Wir liegen am Rand der Lichtung an einer kleinen Böschung, haben von hier aus das meiste im Blick und sehen die Studenten auf der anderen Seite im Schein einiger Taschenlampen in kleinen Gruppen auf Decken sitzen. Alles ist gut.

Ganz in der Nähe gibt es auch hier einen See, dorthin zieht es mich jetzt. Olaf begleitet mich. Er weiß, dass ich nachts ungern ganz allein durch den Wald laufe. Schweigend folgen wir dem Pfad, der im Mondschein gut zu sehen ist.

Ich habe nicht darauf geachtet, wann der Mond aufgegangen ist, doch plötzlich wirkt die Umgebung deutlich heller als noch vor einer Stunde. Die Mondsichel taucht die Landschaft in silbriges Licht. Wir brauchen keine Stirnlampen mehr. Zwischen den Bäumen bewegen wir uns dennoch viel vorsichtiger als auf der Wiese. Das Risiko, über Baumwurzeln oder Dornenranken zu stolpern, ist groß. Die letzten Meter tasten wir uns an den Bäumen entlang zum Ufer. Dann liegt der See vor uns. Überraschend hell glänzt die Wasseroberfläche. Der Mond spiegelt sich darin. Irgendwo neben uns raschelt es im Schilf. Vielleicht sind es Frösche am Ufer oder Enten, die sich gestört fühlen. Wir stehen lange still aneinandergelehnt. Dankbar, dass so viel Schönheit zum Greifen nah vor uns liegt und dass wir sie mit allen Sinnen genießen können. Viel zu oft jagen wir an dem vorbei, was uns staunend machen könnte, wenn wir es denn beachten würden.

Später setzen wir uns zu den jungen Leuten. Chips, Wein und Schokolade machen die Runde. Es wird auch hier geteilt und gelacht und gescherzt. Geschichten werden erzählt, machen das Vergangene lebendig. Unwillkürlich fragt sich jeder, wann habe ich schon einmal draußen unter den Sternen geschlafen? Als Kind im Garten der Großeltern, im Schullandheim oder auf einer Freizeit mit Freunden in Korsika? Für viele ist es jedoch das allererste Mal. Jemand hat eine Kerze auf einen flachen Stein gestellt und angezündet. Flackernd brennt die Flamme und verbreitet warmes Licht. Als wir später in unseren Schlafsäcken liegen, klingen leise Gitarrenklänge zu uns herüber. Selbst gemachte Musik, Mondschein, Gemeinschaft, das Licht einer Kerze. Das ist für uns ein Stück gutes Leben. Leben mit tausend Sternen.

Die Wiese ist feucht vom Tau. Ein letzter Blick zum Nachthimmel und dann fallen mir die Augen zu. Ich werde noch einmal wach, weil mich Olaf anstubst. Ob ich die Sternschnuppe auch gesehen habe, fragt er. Nein, ich schlafe schon, murmle ich schläfrig. Ich brauche keine Sternschnuppen, bin müde jetzt und sowieso wunschlos glücklich.

Ohrenbetäubend laut kommt mir das vergnügte Zwitschern der Vögel in den frühen Morgenstunden vor. Von mir aus könnten sie noch etwas warten mit diesem ersten Konzert des Tages. Doch dann dämmert mir, dass ich draußen bin im Wald. Blinzelnd öffne ich die Augen, sehe den Himmel zartlila hoch über mir und drehe mich dann zu Olaf um.

Der sitzt natürlich schon längst hellwach in seinem Schlafsack neben mir. Was das Schlafbedürfnis anbetrifft, könnten wir nicht unterschiedlicher sein. „Und, wollen wir zum See hinuntergehen", fragt er mich. Gleich morgens im See zu schwimmen ist verlockend.

Von den Studenten ist noch niemand wach. In kleinen Grüppchen liegen sie, vermummt in ihren Schlafsäcken, am Rand der Lichtung. Auch in den Hängematten regt sich keiner. Beneidenswert, so einen tiefen Schlaf zu haben.

Andererseits verschlafen sie so auch den Zauber des Sonnenaufgangs. Begleitet vom Zirpen und Trällern der unermüdlichen Vögel laufen wir zum Ufer hinunter, lagern unsere Sachen auf einem Baumstumpf und waten in das klare, kühle Wasser. Leichter Nebel steigt von der Wasseroberfläche auf.

Einige Schwimmzüge nur, dann lassen wir uns treiben im warmen Schein der ersten Sonnenstrahlen, die über den See wandern, bevor sie das Ufer und den Wald in sanftes Licht tauchen. Als wir aus dem Wasser steigen, perlt das Wasser glitzernd wie Kristalle auf der Haut. Wir greifen nach den Handtüchern, rubbeln uns warm und spüren der Freude nach, die an diesem Morgen durch die Adern pulst. Wir schauen uns an und Olaf spricht aus, was ich denke: „Wieso bin ich nicht öfter hier?"

Es wäre eine Leichtigkeit, mit dem Rad herauszufahren. Wir könnten uns jede Woche Glück aus dem See schöpfen. Was hält uns davon ab? Uns wird bewusst, dass wir eine große Freiheit haben.

Nichts zurücklassen

Ein paar geknickte Halme, dort, wo wir gelegen haben.
Kleine Reste von Kerzenwachs auf dem Baumstumpf.
Sonst alles wie vorher.
Oder doch nicht?
Mein Herz bleibt hier.

Elbsandsteingebirge

E s klingelt melodisch, als die Tür hinter uns ins Schloss fällt. Vor der Bäckerei stellen wir die Rucksäcke auf eine niedrige Mauer und nehmen uns Zeit, die Einkäufe zu verstauen. Da Olafs Rucksack bis zum Rand gefüllt und deutlich schwerer ist, kommen der Hefezopf und die frisch bereiteten Sandwiches ganz obenauf in mein Gepäck. Dieses Mal haben wir sorgfältig gepackt.

Die schweren Dinge wie Gaskartusche, Kocher und Schlafsack liegen unten im Rucksack. Eine Feldflasche mit Wasser gefüllt, steckt griffbereit in der Seitentasche. Die dünnen Regenjacken haben wir ganz obenauf geschnallt. Gewitter sind angesagt, sodass wir auf plötzliche Schauer eingestellt sind. Wir haben einen langen Weg vor uns.

Es ist kurz vor neun Uhr, als wir die schmale, gepflasterte Gasse steil bergan laufen. Der Weg windet sich zwischen alten Villen und parkähnlichen Gärten den Hang hinauf. Wie Schnecken, so tragen auch wir alles auf dem Rücken, um uns ein Lager für die Nacht einrichten zu können. Langsam, Schritt für Schritt folgen wir dem Weg. Der Atem geht tief und Schweißperlen rollen bereits den Rücken hinunter, als wir diesen ersten großen Anstieg bewältigt haben.

Oben angekommen werfen wir einen Blick zurück auf die Stadt. Tief unter uns spannt sich das „Blaue Wunder", eine stählerne Brücke, die einst als technisches Wunderwerk galt, fast filigran über den Fluss.

Unser Ziel liegt knappe vierzig Kilometer ostwärts inmitten der felsigen Türme des Elbsandsteingebirges. Dort wollen wir in einer Höhle übernachten. So der Plan.

Wir wenden uns den in Dunst gehüllten Bergen zu, die noch in weiter Ferne liegen und folgen dem unauffälligen Wegzeichen des Dichter-Maler-Musiker-Weges.

Während wir hoch über dem Fluss entlang der Weinberge ausschreiten, fühlen wir eine beschwingte Leichtigkeit in uns aufsteigen. Vögel zwitschern, Blumen blühen am Wegrand und wir haben uns freigegeben.

Es ist Wochenende und wir werden weder im Supermarkt einkaufen noch Besuch empfangen oder die Wohnung putzen. Stattdessen stehen vier Buchstaben über unserem Vorhaben: R A U S.

Ich frage mich, wieso wir das nicht häufiger machen. Hat man erst mal die Türschwelle überschritten, wird es mit jedem Schritt leichter. Das Herz schlägt vor Freude. Alles, was sonst so wichtig scheint, ist plötzlich zweitrangig. Und manchmal fallen mir unterwegs plötzlich Antworten auf Fragen ein, die mich am Schreibtisch ratlos gemacht haben. Wir sind auch heute gespannt auf neue Erfahrungen und die Erlebnisse, denen wir entgegengehen.

Frei-Mut

Wir haben sie – die Freiheit zu denken,
zu reden, zu reisen.
Wir können gehen, wohin wir wollen.
Doch fühlen wir uns wirklich frei?
Wie oft meinen wir gefallen zu müssen,
gebraucht zu werden, unersetzlich zu sein.

Was hindert uns, aufzubrechen aus Zwängen
und Abhängigkeiten?
Was dürfen wir uns erlauben?
Was ist nötig, um sich wirklich lebendig zu fühlen?

Sich wagen, solche Fragen zu stellen, braucht Mut.
Wenn wir anfangen zu glauben,
wir könnten es, beginnt Freiheit.

Immer wieder führt uns der Weg gewundene Pfade in Serpentinen hinunter, tief hinein in bewaldete Talsenken. Diese Täler mit ihren hohen Bäumen, deren frisches Grün uns Schatten spendet, sind angenehm kühl. Wir kommen gut voran, schreiten zügiger aus. Gegen Mittag haben wir schon einige Kilometer Strecke gemacht.

Jetzt führt der Weg am Waldrand entlang, rechts ist er begrenzt durch eine schulterhohe Mauer aus Feldsteinen. Dahinter fallen die Weinberge terrassenförmig zum Fluss hin ab. Die Sonne steht im Zenit und heizt den Boden auf. Gut für die Trauben, die momentan noch winzig klein an den Rebstöcken hängen. Ganze Familien sind in ihren Weinbergen zugange, um hier und da etwas zurückzuschneiden, Befestigungen zu erneuern oder den Boden zu lockern, damit im Herbst eine gute Ernte eingebracht werden kann.

Kinder spielen lachend und hüpfen schmale Steinstufen hinunter, während die Älteren die Weinstöcke prüfend begutachten. Wir sehen Frauen, die ein Fest vorbereiten. Decken liegen auf den Holztischen, darauf Krüge mit Wasser und Wein, Schüsseln mit Salat und Platten mit belegten Brötchen. Gerne würde ich mich dazusetzen.

Denn ich bin reif für eine Pause. Wir halten Ausschau nach einem passenden Platz, als uns wenig später eine hölzerne Tür in der Mauer einladend offen steht. Sie führt zu einem Weinberg und dessen Besitzer, der uns mit offenen Armen freundlich begrüßt. Wieder einmal haben wir Glück!

Wir stehen zunächst auf einer schmalen Terrasse, gesäumt von Weinstöcken, deren hellgrüne, zarte Blätter mit der Sonne um die Wette leuchten. Unter einem Sonnensegel folgen wir der Einladung und nehmen auf einer Holzbank Platz, lehnen die Rucksäcke daneben an die Steinmauer und lassen uns vom Winzer mit kühlem Wein und deftigen Schmalzbroten stärken. Die Kräfte kehren wieder.

Der Weg, dem wir heute den ganzen Tag folgen, eignet sich tatsächlich für Dichter und Denker. Er windet sich abseits vom Straßenlärm kilometerweit durch den Laubwald. Hier lässt es sich im Gehen gut nachdenken. Unter hochgewachsenen Eschen und Rotbuchen, zwischen jungen Eichen und kleineren Hainbuchen ducken sich Traubenholunder oder Seidelbast. Die Sträucher können mit ihrem schattigen Dasein leben, lassen sich nicht verdrängen von den mächtigen Bäumen. Vögel sind nicht zu hören. Ihre Zeit kommt erst in den Abendstunden. Auch andere Tiere sind nicht zu sehen. Wir haben diesen sommerfrischen Wald scheinbar für uns allein.

Lange laufen wir schweigend. Dann stellen sich Themen ein, die nichts mehr mit dem täglichen Kleinkram zu tun haben. Es sind die großen Fragen des Lebens, die wir unter die Füße nehmen. Wie möchtest du leben in drei, in fünf Jahren? Bist du glücklich, so wie wir uns als Partner begegnen? Was möchtest du der Welt, den Kindern hinterlassen jenseits einer aufgeräumten Wohnung?

Gespräche werden gehaltvoll, wenn wir sie in der Natur führen. Diese Erfahrung haben wir schon oft gemacht. Ob es die unmerkliche Ordnung der Blätter, der Anblick der Symmetrie der Pflanzen, die Schönheit der Farben ist, die unser Denken im Wald klärt und unseren gedanklichen Horizont weitet?

Forscher sprechen von der heilenden Wirkung, die ein Spaziergang im Wald hat. Waldbaden sei Medizin für den Körper. In Japan schicken Ärzte stressgeplagte Menschen ins Grüne, um gesünder oder gelassener zu werden. Vermutlich haben Maler und Musiker schon vor mehr als einhundert Jahren ganz ähnlich empfunden. Auch viele bekannte Künstler der Dresdner Kunstakademie zog es aus der Stadt in die Berge der Sächsischen Schweiz. Allein der Weg dahin muss schon eine Wohltat für die Seele gewesen sein.

Ein Donnerschlag reißt uns aus den Gesprächen. Mitten im Wald haben wir das aufziehende Gewitter nicht bemerkt. Gut, dass die Regenjacken griffbereit sind. Es bleibt uns keine andere Wahl, als auf einem Stapel von Holzstämmen unter einer ausladenden Buche abzuwarten. Erste Tropfen fallen schwer auf die Blätter. Ein böiger Wind fegt durch die Wipfel und lässt den Wald rauschen. Kleinere Äste und Blätter fallen zu Boden. Wir rücken näher am Stamm zusammen. Die Buche bietet uns Schutz unter ihrem Blätterdach. Wir bleiben nahezu trocken, während dicke Tropfen nur wenige Meter entfernt spritzend auf den Weg pladdern und große Pfützen bilden.

So plötzlich, wie er kam, ist der Platzregen vorbei. Die Sonne brennt erneut vom Himmel. Dampfend steigt Nebel von den Wegen auf, wo der Regen unter ihren Strahlen verdunstet. Der Guss hat der Erde gutgetan und uns eine Abkühlung verschafft. Was für ein Glück, dass er uns nicht auf dem offenen Feld erwischt hat.

Im nächsten Dorf verlieren wir unseren Weg. Die Zeichen sind nicht zu finden. Der offizielle Malerweg beginnt erst im Liebethaler Grund, doch wie finden wir ihn? Freundliche Menschen bemerken unser Suchen. Als wir ins Gespräch kommen, bieten sie uns Wasser zur Erfrischung an und beschreiben uns den Einstieg ins Tal.

Wann haben wir zum letzten Mal Menschen nach dem Weg gefragt? Im Auto lotst uns das Navi und wie die meisten Menschen benutzen wir die Technik, um uns zurechtzufinden. Heute machen wir es anders und das fühlt sich gut an.

Hinter dem Ort führt der Weg steil bergab in ein schmales Tal. Dort rauscht ein kleiner Fluss. Das Wasser springt in Kaskaden über Steine, spritzt auf und bahnt sich seinen Weg zwischen den Felsen hindurch. Der Malerweg ist nun gut gekennzeichnet. Kleine Schilder mit einem geschwungenen schwarzen „M" auf weißem Grund führen uns dicht am Ufer entlang. Es ist ganz schön glitschig nach dem Regen. Als sich der Weg weitet, stehen wir überrascht vor einem wuchtigen bronzenen Denkmal. Es ist dem Komponisten Richard Wagner gewidmet, der inspiriert von diesem mystisch anmutenden Ort Teile der Oper Lohengrin komponiert haben soll. Gut denkbar.

Die felsigen Wände, üppig wuchernde Büsche und der ungestüm rauschende Fluss lassen das Tal trotz des sommerlichen Wetters fast düster wirken. Die monumentale Musik Wagners übertönt das Rauschen des Flusses, als wir auf den Knopf einer Installation drücken. Eine Symbiose von Kultur und Natur, die keiner von uns erwartet hat. Einige Amseln zwitschern aus voller Kehle mit dem Orchester um die Wette, als würden sie die Musik auf ihre Weise begleiten.

Schließlich lassen wir das Tal hinter uns. Es ist sommerlich warm und die Kilometer ziehen sich dahin, die Beine werden schwer. Schritt folgt auf Schritt. Längst haben wir aufgehört zu reden. Schweigend laufen wir nebeneinander her. Der Rucksack drückt ins Kreuz und wird zur Last.

Das Wasser der Feldflasche ist ausgetrunken, die Sandwiches haben wir schon vor Stunden gegessen. Um mich abzulenken, versuche ich die Tafelberge des Gebirges zu ordnen. Rechts von uns erhebt sich in der Ferne der Lilienstein, dahinter, noch weiter entfernt auf der anderen Flussseite, das muss der Königstein sein. Die Bastei mit ihren bizarren Sandsteintürmen, die das Elbufer auf unserer Seite ziert, ist nicht zu erkennen. Lediglich ein dunkler Streifen Wald in der Ferne zeigt uns die Richtung an.

Wie weit ist es noch? Nicht daran denken, sondern Schritt für Schritt gehen. Jeder einzelne Meter bringt uns dem Ziel näher.

Die Sonne steht tief im Horizont. Wie spät wird es sein? Dem Magen nach Zeit zum Abendessen. Wir haben bewusst keine

Uhren dabei. Lediglich ein Handy steckt gut verpackt in der Innentasche des Rucksacks. Wir haben es nur für Notfälle eingepackt, wollen an diesem Tag von niemandem gestört werden.

Eine halbe Stunde später trotten wir über den Marktplatz eines kleinen Ortes, wo Radfahrer und Wanderer fröhlich plaudernd an Tischen sitzen und den Tag genüsslich ausklingen lassen. Ich bin total erledigt. Wir sind etwas mehr als dreißig Kilometer gelaufen, und das mit Gepäck. Als zwischen den Häusern hindurch der Fluss im Schein der untergehenden Sonne schimmert, gibt es kein Halten. Wir lassen die Rucksäcke ins Gras fallen und strecken uns daneben am Ufer aus. Glutrot verschwindet die Sonne in diesem Moment hinter den Hügeln am anderen Ufer. Was bin ich froh, hier zu sein. Als wir unsere Schuhe aufschnüren, quellen die Füße hervor. Wie gut es tut, sie im Wasser abzukühlen!

Hunger, vor allem aber Durst macht sich bemerkbar. Barfuß, die Wanderschuhe in der Hand, laufen wir zu einem Gartenrestaurant, lassen uns auf die Holzstühle plumpsen und bitten als Erstes um eine große Apfelsaftschorle. Das kühle Getränk rinnt die Kehle hinab, als gäbe es nichts Köstlicheres auf der Welt. Ahhhh!

Die Pasta wird kurz darauf serviert. Wir genießen wortlos, essen bewusst langsam und spüren, wie ganz allmählich die Lebensgeister zurückkehren.

Auf dem Fluss legt pfeifend ein letzter Dampfer ab. Er bringt Ausflügler zurück in die Stadt, die winkend an der Reling lehnen. Wir freuen uns zu bleiben. Wo genau wir übernachten, wissen wir noch nicht. Es ist gerade ziemlich verlockend, sich einfach ein Zimmer im Ort zu nehmen. Diesen Gedanken schiebe ich jedoch gleich wieder zur Seite. Nein, es muss auch anders gehen! Meine schmerzenden Füße strecke ich noch einen Moment unter dem Tisch aus. Jetzt gleich die Schuhe anzuziehen und wieder bergauf zu steigen kommt mir verrückt vor.

Hoch über uns kreisen zwei Bussarde mühelos am rötlichen Abendhimmel. Ihre kurzen abgehackten Schreie klingen, als würden sie uns etwas zurufen.

Drei Schorlen später tragen wir unsere Rucksäcke aus dem Ort hinaus. Vor uns der Wald. Dahinter im Dämmerlicht, einer Festung mit Wachtürmen gleichend, unzählige Felsformationen, die ihre steinernen Finger in den Abendhimmel recken. Wir sind jetzt die einzigen Wanderer, die noch unterwegs sind. Ausgetretene Stufen führen steil nach oben. Die Waden brennen. Schweigend arbeiten wir uns den Hang hinauf. Als der Weg schließlich in federnden, weichen Waldboden übergeht und nur noch leicht ansteigt, wird das Laufen leichter. Zum Glück hat uns die herzhafte Mahlzeit gut gesättigt. Wir fühlen uns stark genug, die letzten Kilometer zu bewältigen. Allerdings sind wir spät dran. Zu spät!

Als wir die Wegzeichen an der Gabelung erreichen, können wir uns gerade noch an den Markierungen orientieren. Wir folgen einem Weg weiter ostwärts. Dann wird es immer dunkler.

Dunkelheiten

Wenn es dunkel wird in uns.
Wenn wir keinen Weg mehr sehen.
Wenn kein Licht uns leuchtet und
die Sterne hinter Wolken verborgen sind.
Wenn der Zweifel groß wird
und die Sorgen übermächtig.

In diesen Momenten wollen wir uns erinnern:

In der Mitte der Nacht, im tiefsten Dunkel
liegt der Anfang eines neuen Tages.

Büsche und Bäume sind bald nur noch schemenhaft zu erkennen. Wir gehen vorsichtig, um nicht über Wurzeln oder Steine zu stolpern. Gut, dass der Weg breit genug ist, um nebeneinanderzulaufen. Beim Aufstieg haben die Vögel noch gezwitschert. Jetzt hören wir irgendwo vor uns ein Käuzchen klagend rufen. Dann ist es still. Nur noch unsere gedämpften Schritte sind zu hören. Zwischen den Bäumen hindurch sehen wir einen hellen Streifen. Der Wald endet unmittelbar an einem felsigen Plateau. Endlich oben. Im Licht des Mondes können wir die Abbruchkante einige Meter vor uns sehen. Es ist gefährlich, sich zu weit nach vorne zu wagen. Sandstein ist brüchig, und wir sehen zu wenig, um einschätzen zu können, ob es einen Einstieg zu den felsigen Überhängen gibt, die sich zum Übernachten eignen.

Die Idee, in einer dieser Höhlen zu übernachten, können wir jedenfalls für heute begraben. Im Wald ist es viel zu dunkel und wir wollen auch nicht im Schein von Stirnlampen durch die Felsen steigen. Es scheint uns zu wagemutig, sich mitten in der Nacht weiter vorzuwagen. Wir lieben das Abenteuer, nicht das Risiko.

Zwar haben wir keinen überdachten Schlafplatz, aber immerhin einen unvergleichlichen Ausblick. Mondlicht und erste Sterne beleuchten zerklüftete Felstürme. Dazwischen gähnen dunkle Täler. In der Ferne zucken Blitze hell über den ganzen Horizont, als würde jemand einen Scheinwerfer an- und ausschalten.

Hoffentlich zieht keines der fernen Gewitter in unsere Richtung! Wir fühlen uns, als wären wir die einzigen Zuschauer in einem fulminanten Theaterstück. Doch wir sind nicht unbeteiligt. Innerhalb von Minuten kann sich die Windrichtung ändern und wir sind mittendrin.

Kurz beraten wir uns. Lieber in den hinter uns liegenden, schützenden Wald zurückziehen und irgendwo im Gesträuch nach einem Platz zum Schlafen suchen oder hierbleiben und das faszinierende Wetter am Horizont beobachten?

Wir entscheiden uns für den Logenplatz, rollen die Isomatten als Unterlage aus, nehmen die Rucksäcke als Rückenstütze und teilen uns Wasser aus der Feldflasche, die wir im Ort gefüllt haben. Stumm sitzen wir beieinander, schauen gebannt in die Ferne. Kein Donner ist zu hören, immer wieder leuchten in der Ferne Berge und Hügel im grellen Licht kurz auf.

Es ist gespenstisch schön. Wir fühlen uns zerbrechlich und klein angesichts dieser himmlischen Aufführung. Als ein leichter Wind aufkommt, krieche ich schließlich fröstelnd in den Schlafsack. Wir beschließen zu schlafen, bis uns der Regen oder die Morgensonne weckt.

Es tropft leise auf die Schlafsäcke. Regnet es? Ich reiße die Augen auf. Aber über uns sind keine grauen Regenwolken, sondern ein milchig weißer Morgenhimmel, der allmählich heller wird. Doch wieso tropft es?

Als ich mich aufsetze, erkenne ich, dass wir unter einer kleinen Birke liegen, die sich in den felsigen Grund klammert. Von ihren Blättern tropft es. Auch das Gras und Moos in den Ritzen zwischen den Steinen sind feucht. Dennoch bin ich sicher, es hat nicht geregnet. Es muss die Nässe des Nebels sein, der kalt und klamm über uns hinweggezogen ist.

Als wir aufstehen und über die Klippen schauen, verhüllt dichter, weißer Nebel die Täler und die Bäume und Felsen ringsumher. Sehen können wir nichts davon. Wir blicken über ein Meer aus Nebelwolken, das sich bis zum Horizont erstreckt.

Doch langsam wie in Zeitlupe senkt sich der Nebel. Aus dem milchigen Grau tauchen, verschwommen noch, die Umrisse einzelner Bäume und Basalttürme auf. Bizarr, fremd, verwunschen erscheint uns diese Welt. Es kommt uns vor, als würden wir auf eines der Gemälde von Caspar David Friedrich starren.

Genau diesen Anblick hat der Künstler wieder und wieder gemalt. Konnte nicht genug davon bekommen. Friedrich soll gesagt haben, es gehe darum, hinter die Form zu blicken und den göttlichen Geist zu erkennen. Es sieht aus, als würde der Schöpfer der Welt sein Kunstwerk direkt vor unseren Augen erstmals enthüllen. Ganz langsam löst sich der Nebel weiter auf, gleicht einem Schleier, der Stück für Stück vom Original genommen wird.

Wir sind wie in Trance. Überwältigt schauen wir einfach nur zu. Zur richtigen Stunde am richtigen Ort zu sein ist wunderbar, wir fühlen uns überreich beschenkt.

Erst als der Nebel verschwunden ist und wir den Fluss, die Felsen und den Wald im klaren Morgenlicht sehen, steht Olaf auf, packt den Kocher mit der Kartusche aus dem Rucksack und gießt das restliche Wasser aus der Feldflasche in den Teepott. Während das Wasser im Kessel summend zu kochen beginnt, schneide ich mit meinem Klappmesser den Hefezopf in breite Scheiben.

Im Osten steigt die Sonne leuchtend am Himmel auf. Wir nehmen unsere Teebecher, dazu das süße Gebäck und setzen uns weit vorne auf den Felsen. Es ist Sonntagmorgen. Wir teilen das Essen und feiern das Leben.

Erst am frühen Nachmittag steigen wir wieder hinab, lassen die Einsamkeit hinter uns. Heimwärts werden wir uns vom Fluss tragen lassen. Doch wir haben noch zwei Stunden Zeit bis zur Abfahrt des Schiffes. Abseits des Ortes finden wir einen schönen Platz in der Wiese, wie geschaffen, um in der Sonne zu baden. Wieso eigentlich nur in der Sonne? Glitzernd plätschern kleine Wellen ans Ufer, sobald ein Schiff entlangfährt. Die Strömung des Flusses ist kraftvoll, aber nicht gefährlich.

Vor Jahren wäre niemand freiwillig in der Elbe geschwommen. Damals war das Wasser eine dreckige Brühe.

Zeiten ändern sich. Inzwischen schwimmen die ersten Lachse wieder aufwärts und laichen unweit von hier in den Zuflüssen. Wenn die sich in den Fluss wagen, können wir das auch.

Prustend und lachend vertrauen wir uns der Strömung an, lassen uns vom Wasser tragen, um hundert Meter weiter am seichten Ufer erfrischt an Land zu gehen.

Wir sind unbeschwert und fröhlich wie Kinder, die ein neues Spiel entdeckt haben. Faul liegen wir danach dösend in der Sonne und holen etwas Schlaf nach. Die Nacht war eindeutig zu kurz. Aber das macht nichts, denn der Reichtum an inneren Bildern und Eindrücken wiegt alles auf.

Als wir schließlich auf dem alten Schaufelraddampfer sitzen, den Fahrtwind um die Ohren, fühlen wir uns wie Heimkehrer nach einer Weltreise. Das Ufer zieht langsam an uns vorbei. Angler stehen am Rand und werfen ihre Blinker aus, Kinder spielen im Wasser, kleine Boote fahren vorbei und Menschen winken uns von ferne zu. Staunend sehen wir, wie weit wir gestern gelaufen sind.

Gestern? War das wirklich erst vor einem Tag?

Uns kommt es vor, als hätten wir mehr als vierundzwanzig Stunden Zeit erlebt, Zeit voller Leben.

JULI Pazifik

Packen ist angesagt! Die Heckklappe des Autos steht weit offen. Wir sind die einzigen Wanderer, die sich so spät am Tag noch für den Einstieg in den Trail präparieren. Sieben Autos stehen auf dem kleinen Parkplatz, doch deren Insassen sind längst unterwegs. Kurz vor Einbruch der Dämmerung zu starten ist ungewöhnlich. Gewöhnlich wäre es besser, bereits jetzt ein Lager aufzubauen und den Platz für die Nacht zu bereiten. Doch unser Trip ist sowieso alles, außer gewöhnlich.

Die Rucksäcke haben wir eben erst aus den Koffern genommen. Bei begrenztem Fluggepäck war es günstiger, Zelte, Isomatten, Schlafsäcke und Kleidung in große Koffer zu packen. Vor nicht mal 24 Stunden flogen wir noch über die Gipfel der schneebedeckten Berge, landeten in Vancouver und schlenderten über den bunten Markt am Hafen entlang. Immer wenn wir in British Columbia landen, fühlt es sich an, wie nach Hause zu kommen.

Wir haben ein Jahr lang in Westkanada gelebt und uns verliebt in diese wunderschöne Gegend zwischen Rocky Mountains und Pazifik. Sehr gerne kommen wir immer wieder hierher zurück, auch wenn Jahre dazwischenliegen.

Die letzte Nacht haben wir bei Freunden genächtigt und versucht, die lästige Zeitverschiebung mit ausreichend Schlaf zu bewältigen. Am Vormittag ging es aufs Schiff Richtung Vancouver Island und einige Stunden später waren wir bereits in Victoria, der Hauptstadt der Provinz British Columbia.

Das hübsche Städtchen ist zugleich die größte Stadt der vierhundert Kilometer langen Insel. Doch wir interessieren uns weder für den quirligen Hafen noch das eindrucksvolle Royal British Columbia Museum. Uns zieht es in den Mountain Equipment Store, einen riesigen, bestens ausgestatteten Outdoorladen.

Im Flieger nach Kanada sind weder Gaskartuschen für den Kocher noch Lebensmittel im Gepäck erlaubt. Deshalb wollen wir uns hier damit eindecken, bevor unser Draußen-Abenteuer beginnt.

Trailfood wie Powerriegel und Trekkingnahrung in allen Geschmacksrichtungen gibt es in großer Auswahl. Nicht dass wir das teure Instantessen besonders mögen, doch es hat einen unschlagbaren Vorteil: sein leichtes Gewicht. Und genau das hat oberste Priorität, schließlich werden wir alles, was wir für die dreitägige Tour brauchen, inklusive dem Essen, huckepack in unseren Rucksäcken über Stock und Stein durch den Küstenregenwald schleppen.

Nachdem ich jahrelang extreme Rückenbeschwerden hatte und so gut wie nichts tragen konnte, ist dieser Weg eine große, vor allem mentale Herausforderung für mich.

Doch die letzten Monate haben mich mutig werden lassen.

Unsere kleinen Auszeiten vor der Haustür haben eine große Begeisterung für Nächte unter freiem Himmel, für Natur und fürs Anderssein ausgelöst. Die Erfahrungen machen mich neugieriger und zuversichtlicher. Ich habe erlebt, dass es draußen für jedes Problem irgendwie eine Lösung gab und bin an den Herausforderungen gewachsen.

Unsere kleinen Touren sind für mich eine Verjüngungskur, zumindest innerlich. Du traust dich plötzlich wieder raus. Raus aus den Gewohnheiten, der Bequemlichkeit und dem „das haben wir schon immer so gemacht". Das Leben wird verrückter, riskanter, aber auch vergnügter. Das Immer-wieder-neu-Aufbrechen hält jung. Es macht lebendig und irgendwie auch sehr dankbar. Dankbar für alles: für den Wind, die Sonne, die Sterne und den Mond. Für Wald und Wiesen, für Vögel und Schmetterlinge, für eine Scheibe Brot, einen Schluck Wasser, einen heißen Tee.

Wir merken: Wir kommen mit uns selbst viel stärker in Berührung, wenn wir uns dem Elementaren aussetzen. Deshalb wollen wir selbst im Sommerurlaub nicht auf ein Abenteuer unter Sternen verzichten, bevor wir uns im Anschluss in ein Blockhaus bei Freunden in den Bergen zurückziehen.

Eine spannende Tour liegt heute vor uns. Mit leichtem Gepäck wollen wir unterwegs sein und die Nächte am Strand des Pazifiks verbringen.

Olaf hat sich vor Jahren ein kleines Büchlein gekauft. Ein Buch mit Sehnsuchtspotenzial! Deshalb sind wir hier.

Es ist die Beschreibung des legendären West Coast Trail, einer der eindrücklichsten Wanderwege Nordamerikas. Der 75 Kilometer lange Trail war ursprünglich eine Route, auf der sich Schiffbrüchige zu einer Siedlung durchschlagen konnten, nachdem sie sich aus den Wellen an die zerklüftete, waldreiche Küste gerettet hatten. Später wurde der schmale Pfad von Wanderern genutzt. Eine anstrengende Tour, die nur nach guter Vorbereitung bewältigt werden kann. Sieben bis neun Tage sind die meisten auf dieser Strecke unterwegs. Es gibt keine Abkürzung und keinen Ausstieg. Egal wie schlammig der Weg, wie brüchig die hölzernen Stege, wie stürmisch oder regnerisch das Wetter ist, du bist auf dich gestellt und musst den Trail aus eigener Kraft bewältigen. Außerdem gilt es, die Gezeiten zu beachten, denn phasenweise ist der Weg vom Meer abgeschnitten. Nur bei Notfällen ist eine Rettung per Helikopter möglich. Man muss also wissen, worauf man sich einlässt.

Aber es soll ein großartiges Erlebnis sein, den Küstenregenwald auf steilen Pfaden durch nahezu unberührte Wildnis zu
durchqueren. Diese Tour einmal zu machen, war seit Jahren
Olafs Traum.

Für mich gehört das Vorhaben eher in die Kategorie Alb-
traum! Ich konnte mir absolut nicht vorstellen, tagelang im
regnerischen Küstenwald, abhängig von Flut und Ebbe, auf glitschigen, hölzernen Pfaden unterwegs zu sein und noch dazu
mein ganzes Gepäck auf dem Rücken zu schleppen. Außerdem
die Anspannung, eher einem Bären als anderen Wanderern
über den Weg zu laufen. Fazit, der West Coast Trail war tabu!

Doch dann fanden wir heraus, dass der große Trail einen
kleineren, weniger bekannten Bruder hat, den Juan de Fuca
Marine Trail. Dieser Weg ist landschaftlich ebenso reizvoll, aber
mit 47 Kilometern Länge deutlich kürzer. Außerdem braucht
man keine „Permission", die lange im Voraus zu buchende und
kostenintensive Wandergenehmigung. Hier kann jeder Mann
und jede Frau loslaufen, wann es ihnen danach zumute ist.

Im Hinterland verläuft eine schmale Küstenstraße, die nach
ungefähr zwanzig Kilometern Fußmarsch, also auf halber Strecke, relativ einfach zu erreichen ist, sodass man im Notfall eine
Ausstiegsmöglichkeit hat. Das war unser Plan: drei Tage wandern, dann zur Straße zurückkehren. Ich stimmte zu, wenn
auch mit etwas wackeligen Knien.

Wagnis

Das gemütliche Sofa, den gefüllten Kühlschrank,
die vertraute Wohnung, das komfortable Auto,
all die lieb gewonnenen Bequemlichkeiten ...

Das alles für eine Zeit hinter sich lassen.
Damit wir mit uns selbst in Berührung kommen.

Es gibt so viel, jenseits des Habens.

Wind in den Haaren, Salz auf der Haut,
Staub an den Füßen, Funkeln in den Augen,
Leben pur.

Aufbrechen aus dem Haben.
Das Wagnis eingehen – und einfach nur
sein.

Wir sind zu dritt unterwegs: Olaf, unsere siebzehnjährige Tochter Nora und ich. Es ist klar, dass mein Rucksack der leichteste sein wird. Olaf und Nora tragen die Zelte und einen Großteil der Ausrüstung, während ich den Luxus habe, nur meinen Schlafsack, Isomatte, Kleidung zum Wechseln und einen Teil des Essens zu tragen. Doch selbst das will verstaut sein. Und nun soll das Ganze auch noch flott gehen.

Kein Wunder, dass wir alle nach den Strapazen der Anreise vor einer solchen Tour angespannt und reizbar sind. Jetzt gilt es, sich zu konzentrieren, denn es wäre fatal, wenn unterwegs etwas Wesentliches fehlt.

Kocher und Kartusche, Wasserfilter und Wasserflaschen, Verpflegung und ultraleichtes Besteck, was aus einem Plastiklöffel mit Messerzargen besteht. Das Erste-Hilfe-Set mit Schmerztabletten, Blasenpflaster und Sportverband, Antiallergikum und Durchfalltabletten. Die Thermosflasche bleibt nun doch im Auto, dafür muss die kleine Axt mit. Wir sortieren aus, was nicht unbedingt nötig ist. Die Stirnlampe und das Jagdmesser sind wichtiger als Gewürze oder mehrere Handtücher. Eines für alle – das reicht.

Die Ausweise samt Geld kommen in einen wasserdichten Beutel ins innere Fach, während das Feuerzeug griffbereit in der Hosentasche landet. Die Spiegelreflexkamera bleibt schweren Herzens letztlich im Auto. Sie ist einfach zu schwer, auch wenn wir leidenschaftlich gerne fotografieren. Dieses Mal zählt jedes Gramm. Ich bin erledigt von der Packerei, bevor wir den ersten Schritt gemacht haben.

Kostbar

Schlafsack – 198,- Euro
Petroleumlaterne – 15,- Euro
Streichhölzer nicht vergessen – unbezahlbar

In der Jackentasche spüre ich mein schmales Notizbuch und einen Stift. Ich will mir unmittelbar aufschreiben können, was wir erleben. Das ist ein Luxus, den ich mir gönne. Noch ein kurzer Stopp an einer Blechbox, neben der Infotafel zum Trail. Dort liegen Tüten bereit, in denen man einen Obolus für die Übernachtung auf den schlichten Lagerplätzen hinterlassen kann, was wir gerne tun. Auch die Namen der Wanderer und das Datum unseres Einstiegs in den Juan de Fuca Trail sollen wir für die Ranger hinterlassen, damit im Notfall jemand nach uns suchen kann. Irgendwie beunruhigt mich das alles ein wenig. Ob wir uns nicht doch mit der ganzen Aktion zu viel vorgenommen haben? Was wäre, wenn einer von uns unterwegs stürzt – oder wir wirklich einem Bären begegnen, der uns attackiert? Und vielleicht ist es doch keine so gute Idee, etwas verpeilt vom Jetlag direkt nach der langen Anreise auf den Trail zu gehen? Es bleibt keine Zeit zum Grübeln. Olaf hat seinen Rucksack geschultert, Nora tut es ihm gleich – und auch ich zögere nicht länger.

Ein Gedanke noch: Manchmal ist es gut, auf sein Gefühl zu hören. Entscheidungen, so sagt man, werden im Bauch getroffen und im Kopf begründet. Wenn man wenig Erfahrung und kein gutes Gefühl – oder sogar richtig Angst – hat, sollte man keinesfalls eine Wildnistour unternehmen.

Mit Olaf habe ich lange gesprochen. Er hat sich und uns gut vorbereitet. Nora ist total fit und freut sich ebenfalls auf die Tour. Nur meine Ängstlichkeit ist nicht in den Griff zu bekommen. Das Kopfkino und das Gefühl, doch nicht alles gut bedacht zu haben, lassen sich nicht ausschalten.

Wir folgen dem Wegweiser hinab zum Meer und zwanzig Meter weiter verschluckt uns dichter, grüner Regenwald. Es wird schlagartig dämmrig. Farne, so groß, dass man sich dahinter verstecken kann, wuchern aus dem bemoosten Boden neben dem Pfad. Die Bäume ringsum sind mächtige Giganten. Drei oder vier Erwachsene müssten sich die Hände reichen, um sie zu umfassen. Sie streben himmelwärts dem Licht entgegen. Ihre faserige Rinde schimmert rötlich. Die flachen Nadeln verströmen einen intensiven Duft. Es müssen Zedern sein, die heiligen Bäume der Ureinwohner. Der ganze Wald riecht nach dem Holz, ein aromatischer Duft, der sich einprägt. Auf einem Holzbohlensteg geht es durch den Urwald. Wir fühlen uns winzig klein in dieser immergrünen Kathedrale aus riesigen Bäumen. Vielleicht ist der Weg einfacher zu laufen als gedacht? Mit jedem Schritt fallen der Packstress, die Müdigkeit und die innere Reizbarkeit mehr von uns ab. Wir laufen beschwingt und ich freue mich auf unser Abenteuer.

Über eine schwankende Hängebrücke, morsche Holzstege und schließlich eine etwas ramponierte Holzleiter hinab führt uns der Pfad nach einigen Kilometern direkt ans Meer.

Lange bevor wir es sehen, riechen wir die salzige Frische, hören das kraftvolle Rauschen der Brandung. Die Pflanzen werden üppiger und bedecken den ganzen Boden. Moosgrüne Flechten ranken sich die Bäume empor und hängen wie Feenschleier an den Ästen. Vorsichtig, um auf dem feuchten Grund nicht auszurutschen, laufen wir dem Meer entgegen.

Als wir aus dem schützenden Wald treten, fegt ein unbarmherziger, kalter Wind über den Strand. Eisige Kälte dringt sofort durch bis auf die Haut. Hastig schließen wir unsere Jacken, setzen Kapuzen auf und stapfen schweigend durch den feuchten Sand. Das Meer hat riesige Baumstämme ans Ufer geschleudert. Glatt geschliffen, silbrig schimmernd liegen sie dort wie Mikadostäbchen übereinandergetürmt. Eine eindrückliche Demonstration urwüchsiger Kraft der Natur.

Die Bucht ist nicht sehr groß. Nach nur etwas mehr als einhundert Metern brechen sich die Wellen am Steilufer. Dahinter beginnt dichtes Buschwerk. Zwei winzige Kuppelzelte schmiegen sich am Rand des Sandstreifens an die steile Küste. Wir haben das Camp erreicht.

Von ferne sehen die Zelte aus wie bunte Smarties, die ein Riese verloren hat. Keine Spur von ihren Bewohnern. Ob sie schon schlafen?

In dem Fall verpassen sie etwas! Die Sonne ist erst vor wenigen Augenblicken ins Meer versunken und der Horizont färbt sich in einem fulminanten Farbspiel tiefrot, dann violett und schließlich blassblau.

Wir suchen den Strand nach einem passenden Stellplatz für unsere beiden Zelte ab. Nicht zu nah am Wasser und möglichst ohne größere Steine in der Fläche.

Immer wieder brechen sich Wellen an den steilen Klippen. Der Wind fegt einen feinen Sprühnebel in die Bucht. Würden wir uns ohne Zelt hinlegen, wir wären am Morgen komplett durchnässt.

Wir trotzen dem böigen Wind, bauen zwei Zelte auf und sichern die Abspannleinen mit schweren Steinen im Sand. Keiner hat Lust, länger als nötig im Freien zu bleiben. Olaf hält Ausschau nach Bearcaches, stabilen Boxen aus Metall, in denen wir unser Essen sicher vor wilden Tieren verstauen können. Doch in der Dämmerung ist nichts davon zu sehen. Also entschließen wir uns, die Lebensmittel und die Zahnpasta – denn auch deren Geruch würde eventuell Bären anlocken –, in wasserdichte Beutel verpackt, dreißig Meter vom Zelt entfernt unter einen Haufen Steine zu legen. Bleibt zu hoffen, dass nichts dabei ist, was so gut duftet, dass die Bären gleich heute Nacht kommen. Morgen, so nehmen wir uns vor, machen wir das besser. Heute sind wir einfach nur noch total müde, rollen uns rasch in die Schlafsäcke und fallen in einen unruhigen Schlaf.

Keiner hat in dieser Nacht gut geschlafen. Das gestehen wir uns, als wir am Morgen zerknittert und mit Ringen unter den Augen aus den Zelten kriechen. Es macht keinen Spaß, in einem Zelt zu liegen, Geräusche zu hören, die man nicht deuten kann oder die von der Brandung übertönt werden, und nichts zu sehen. Man kommt sich hilflos vor, würde am liebsten gleich wieder aufstehen und schauen, was los ist. Schlafen im Zelt ist keinesfalls angenehmer als unter freiem Himmel. Es ist lediglich trockener und man wird weniger vom Wind zerzaust.

Wir haben keine Orientierung, wie spät es ist. Dichte graue Wolken ziehen über den milchig weißen Himmel, die Sonne ist nirgends zu sehen. Eine Uhr haben wir nicht dabei und das Handy haben wir im Auto liegen lassen. Ohne Lademöglichkeit ist das Mobiltelefon nach kurzer Zeit sowieso nutzlos.

Früher hatten die Leute auch kein Handy. Es ist eine trügerische Sicherheit zu glauben, ein Telefon könnte einem in jeder Situation weiterhelfen.

Der Weg wird auch von anderen Wanderern genutzt, die sich sicherlich gegenseitig weiterhelfen, wenn es darauf ankommt. Doch von diesen anderen ist derzeit noch nichts zu sehen. Nichts regt sich in den kleinen Zelten. Sind wir zu zeitig oder die zu spät? Diese Frage kann uns niemand beantworten.

Wir folgen unserer inneren Uhr. Sie gibt den Rhythmus vor.

Keiner ist hungrig, doch ohne ein Frühstück soll es nicht losgehen. Erleichtert stellen wir fest, kein Bär und auch keine Strandmaus haben sich für unsere Vorräte interessiert. Wir nehmen uns jeder einen Müsliriegel, dazu einige Schlucke Wasser und auf geht es. Einen Tee werden wir uns erst später zubereiten, wenn wir einen Platz finden, der hoffentlich etwas wärmer und windgeschützter ist.

Auf einer Tafel, die wir gestern Abend nicht wahrgenommen haben, sehen wir den Verlauf des Trails. Mit verschiedenen Farben sind die Wegetappen markiert. Unser nächstes Camp heißt

Bear Beach. Sieben Kilometer sind es bis dahin. Das sollte in zwei Stunden machbar sein. Wir schultern die schweren Rucksäcke. Auf gehts. Ich darf vorneweg, die Schwächste gibt das Tempo an. Eine zweifelhafte Ehre.

Der Einstieg in den Trail ist heftig. Am Ende der Bucht geht es über glitschige Felsstufen in den Urwald zurück. Der steile Anstieg scheint kein Ende zu nehmen. Sofort sind wir außer Atem. Der vollgepackte Rucksack zieht einen förmlich nach unten. Die Muskeln zittern, als wir dem handtuchbreiten Pfad in luftiger Höhe folgen. Wäre die Sicht klar, könnte der Ausblick brillant sein. Aber dichter Nebel verhüllt das Meer. Wolken, Nebel, Meer – alles geht blassblau und silbrig grau ineinander über.

Plötzlich ein durchdringender, schriller Pfeifton. Wir bleiben stehen. Noch einmal hören wir das Geräusch. Ist es eine Trillerpfeife, mit der uns jemand warnen will? Ist es ein Signal anderer Wanderer oder Forstarbeiter? Wir können es nicht sagen. Mit uns hat es offensichtlich nichts zu tun. Noch einige Male hören wir das penetrant laute Pfeifen. Es muss wohl ein Vogel sein, doch der hält sich zwischen den Bäumen und Sträuchern perfekt verborgen.

Immer wieder führt der Pfad in engen Kurven und Stiegen steil bergab, um sich im Tal angekommen erneut einen Hang emporzuwinden. Der Weg ist von Schlammlöchern übersät. Zäher schwarzer Schlick quillt über die Schuhe und schmatzt bei jedem Schritt. Auf dem Weg liegende Baumstämme, grob behauen, dienen uns als Brücke durch den Schlamm und riesige Pfützen.

Vorsichtig setzen wir Schritt für Schritt. Es ist schwierig, mit dem schweren Rucksack im Kreuz, das Gleichgewicht zu halten. Zum Glück haben wir vier zerlegbare Teleskopstöcke eingepackt. Jetzt schrauben Nora und ich sie zusammen und stützen uns damit beim Gehen ab. Olaf greift sich einen Stock aus dem Unterholz, der ihm Halt gibt.

So kommen wir langsam vorwärts. Die sieben Kilometer scheinen kein Ende zu nehmen. An einem munter strömenden Bachlauf bleiben wir stehen. Trotz des kühlen Wetters rinnt uns der Schweiß den Rücken hinab. Während ich unsere Trinkflaschen mit der kleinen Filterpumpe mit frischem Wasser fülle, nutzt Olaf den Bach für ein kurzes Bad.

Gerne würden wir hier länger verweilen und uns ausruhen. Aber alles ist feucht und schlammig, es gibt nirgends einen Platz, an dem wir zu dritt sitzen und rasten könnten. Also weiter. Der Weg fordert uns zunehmend und der Magen meldet sich knurrend. Endlich sehen wir eine Markierung, die uns das nächste Camp in einem Kilometer Entfernung ankündigt.

Der Gedanke, bald anzukommen, beflügelt unsere Schritte. Mit neuer Kraft steigen und stolpern wir weiter. Schließlich hören wir die Meeresbrandung und erreichen einen breiten Sandstrand. Im Windschutz zwischen einigen Treibhölzern brennt zitternd ein kleines Feuer. Ein Zelt ist nicht zu sehen.

Zwei junge Männer sitzen in Goretex-Jacken gehüllt, Strickmützen auf dem Kopf, auf einem Baumstamm und begrüßen uns nickend. Wir fragen sie als Erstes nach der Tageszeit und können kaum glauben, was wir hören.

Es ist kurz nach sieben Uhr.

Sieben Uhr? Wir müssen extrem zeitig aufgebrochen sein. Das erklärt, wieso wir noch niemanden getroffen haben. Unsere innere Uhr ist irgendwo zwischen Europa und Westkanada aus dem Takt geraten.

Bevor die Kanadier zu ihrer Tagesetappe aufbrechen und die Rucksäcke schultern, unterhalten wir uns noch über den Trail. Wie beim Pilgern, so ist die Frage nach dem Weg eine der wichtigsten, wenn man unterwegs ist. Die nächste Etappe sei die schwierigste der ganzen Route, erzählen sie uns. Elf Kilometer, die es in sich haben. Wir ahnen, wovon sie sprechen. Als sie aufbrechen, bleiben wir am glimmenden Rest ihres Feuers zurück. Die Glut ist perfekt, um unseren ausgebeulten Blechkessel rasch mit Wasser zu füllen und hinein zu stellen. Zeit für einen guten Tee und ein kerniges Müsli.

Die Haferflockenmischung mit Blaubeeren wird einfach in der Tüte mit heißem Wasser aufgegossen. Simple Outdoorküche. Schnörkellos, praktisch, wenig romantisch, aber sättigend. Während der Haferbrei quillt, suche ich nach den Teebeuteln und dem Instantkaffee. Ich leere den kompletten Rucksack und finde nichts. Ich kann es nicht glauben, wühle alles noch einmal durch. Doch das Suchen bleibt auch in den anderen Rucksäcken zwecklos. Maßlos enttäuscht müssen wir akzeptieren,dass wir diese Sachen wohl beim Packen im Auto liegen gelassen haben. Olaf ist sauer. Und ich ärgere mich über mich selbst. Hätten wir es früher bemerkt, hätte ich zurückgehen können. Aber das ist eigentlich Quatsch – denn auch dann wären wir vermutlich nicht umgekehrt. „Annehmen, was du nicht ändern kannst" ist eine Kunst ...

Plötzlich beginnt Nora, in ihrem Gepäck zu graben. Tatsächlich hält sie kurz darauf triumphierend eine kleine Dose Kakao hoch. Den wollte sie für besondere Gelegenheiten aufsparen. Großherzig teilt sie nun ihren Schatz mit uns. Wir werden die kleine Packung sehr sparsam nutzen, damit es uns für die ganze Tour reicht.

Olaf gießt dampfendes Wasser in die Becher. Wir rühren das dunkle Pulver hinein und trinken schweigend in kleinen Schlucken den würzigen, süßen Kakao.

Draußen, im Meer, nur wenige Meter entfernt, tummeln sich dunkle schmale Wesen in den Wellen. Es sind Robben. Spielerisch gleiten sie durch das Wasser, bis sie unseren Blicken entschwinden. Hier könnte man länger sitzen. Könnte? Wir können! Aber wollen wir es auch?

Als das Müsli gelöffelt und der Kaba getrunken ist, stellt sich die Frage, was wir heute noch unternehmen. Wir müssen uns entscheiden, ob wir hierbleiben und ausruhen – oder ob wir die nächste Etappe noch anhängen wollen. Der Tag hat schließlich gerade erst begonnen.

Bleiben oder gehen? Das nehmen, was du hast, oder die Spielräume nutzen, die sich anbieten? Eine schwierige Entscheidung, denn wir haben eine Ahnung von der Anstrengung, die der vor uns liegende Weg bereithält. Und uns schreckt die Aussage, dass die schwerste Etappe noch vor uns liegt. Andererseits haben wir sieben Kilometer schon morgens um sieben hinter uns gebracht – wir haben Zeit bis zum Abend, um gelassen im nächsten Camp anzukommen.

Klingt nach einer machbaren Herausforderung. Jetzt nur hier herumzusitzen, Robben zu beobachten und Feuer zu machen, erscheint uns wie vertane Zeit. Wir haben die letzten Tage so viel organisiert, jede Minute ausgenutzt. Das Nichtstun kommt jetzt für uns irgendwie zu plötzlich. „Was du heute kannst besorgen ...", der Spruch meines Großvaters kommt mir in den Sinn und zugleich ärgere ich mich über den damit verbundenen inneren Antreiber.

Loslassen

Wir sind, wie wir sind, so oder so, wertvoll.
Sich dies immer wieder klarzumachen,
befreit von dem Zwang,
permanent etwas leisten zu müssen.
Loslassen.

Im Gras liegen, den Himmel betrachten.
Wie unendlich weit er ist.
Den Vögeln nachschauen,
in Gedanken mit ihnen ziehen.

Was hindert dich?

Einig sind wir uns nicht: Olaf würde bleiben, Nora drängt weiter. Und ich zögere, kann mich nicht entscheiden. Wir beschließen deshalb, nichts zu überstürzen und noch eine Weile zu verweilen, bevor wir weitergehen. Als würde sie uns darin bestärken, bricht jetzt die Sonne zwischen den Wolken hervor. Wir liegen auf unseren Isomatten im Sand und betrachten Meer, Wellen und die Vögel im Wind. Stunden vergehen im dämmrigen Halbschlaf, über uns der Himmel. Erst am späten Vormittag raffen wir uns auf. Wir fühlen uns gut ausgeruht und starten mit neuen Kräften.

Die ersten Kilometer sind gut zu laufen. Wir gehen langsam, gleichmäßig. An das steile Auf und Ab des Pfades haben wir uns gewöhnt. Es ist natürlich weiterhin sehr anstrengend, kommt aber nicht mehr überraschend. Immer wieder bleiben wir stehen, staunen über mächtige, alte Baumriesen. Übermütige Streifenhörnchen jagen die Stämme hinauf, springen von Krone zu Krone. Wie lange mag diese Douglasie schon hier stehen? Um Längen überragt der Baum die umstehenden. Seine ausladenden, dicht wachsenden Äste strecken sich weit aus, als würden sie den Wald für sich allein beanspruchen. Aus samtbraunen Knospen brechen hellgelbe frische Nadeln hervor. Die feuchte Luft riecht harzig. Von fern hören wir die keckernden Laute der Hörnchen. Es ist ein wirklicher Urwald, in dem wir uns staunend vorwärtsbewegen. Aus einem morschen Baumstumpf steigen plötzlich Wespen auf. Wir müssen sie im Vorübergehen aufgescheucht haben. Schnell laufen wir weiter, lassen die schwirrende, wilde Horde zum Glück hinter uns. Doch eine der Wespen sitzt auf meiner Hose, als hätte sie sich festgebissen, und ich spüre einen brennenden Schmerz, als sie doch noch zusticht. Zum Glück nur eine. Das ist kein Drama, auch wenn es ziemlich wehtut.

Stunden später ... Der Zauber des Anfangs ist längst verflogen. Wegmarkierungen, die im ersten Abschnitt selten zu sehen waren, fehlen inzwischen völlig. Wir haben jegliches Gefühl für Entfernung verloren. Und immer häufiger ist der Weg nahezu unpassierbar. An Zweigen halten wir uns fest wie an Lianen, um schwankend über glitschige, modrige Baumstämme zu balancieren. In einem Tal führt der Bach reichlich schlammiges Wasser und von einer Brücke ist keine Spur zu sehen.

Dafür gibt es ein faseriges Seil, was jemand an einen Baum am steil abfallenden Ufer geknotet hat. Es bleibt nur eine Möglichkeit, sich daran festzuklammern und mit einem beherzten Schwung ans andere Ufer zu schwingen. Wenn ich könnte, ich würde einen anderen Weg nehmen.

Doch den gibt es nicht.

Wir müssen hinüber, wollen wir den Trail fortsetzen.

Längst sind die Schuhe durchweicht. Doch durch das Wasser zu waten ist uns zu riskant. Wir können die Tiefe schwer einschätzen und wollen nicht riskieren, mitsamt unserem Gepäck baden zu gehen.

Olaf greift als Erster das Seil. Kraftvoll schwingt er sich hinüber, setzt dann seinen Rucksack ab und hat die Hände frei, um uns zu helfen.

Wir sprechen nur wenig. Jeder konzentriert sich jetzt auf das, was wesentlich ist. Ohne die anderen würde ich mich keinen Schritt weiter trauen. Ihr Vertrauen gibt mir den Mut, mein Bestes zu wagen. Ein tiefer Atemzug, dann klammere ich mich an den Strick und stoße mich vom lehmigen Ufergrund ab, so gut es geht. Helfende Hände greifen nach dem Seil, als ich ans andere Ufer schwinge.

Ich lasse los, lasse mich fallen, bin aber inzwischen völlig am Ende meiner Kräfte. Der Wespenstich ist dunkelrot und schmerzhaft angeschwollen. Gut, dass wir ein Mittel gegen Allergien und ein kühlendes Gel dabeihaben. So kann ich mich verarzten.

Wir teilen uns noch eine Ration Powerriegel, bohren die Stöcke in den glitschigen Grund, greifen nach Wurzeln, die aus dem Hang ragen, und ziehen uns Stück für Stück die Böschung empor.

Es ist früher Abend, als wir endlich das Camp erreichen. Ich habe keinen Blick mehr für die kleinen Buchten am Ufer, in denen sich andere Wanderer hinter Treibholzbarrikaden ein Lager gebaut haben. Unbarmherzig pfeift der Wind über den kalten Pazifik und stürmt mit voller Wucht an den Strand. Dunkle Wolken türmen sich weit draußen. Keine Spur von einem Sonnenuntergang. Und selbst wenn, ich hätte heute keine Freude daran. Mir ist schlecht. Nicht mal Hunger spüre ich, sondern einzig grenzenlose Müdigkeit. Ich bin völlig erschöpft und will nur noch in ein schützendes Zelt, in meinen Schlafsack, schlafen und alles andere vergessen. Nora und Olaf bauen die beiden Zelte in Windeseile auf und essen noch zusammen zu Abend, während ich mich sofort hinlege.

Am nächsten Morgen wache ich mit Kopfweh auf. Jeder Knochen tut weh von der gestrigen Mammut-Tour. Auf dem Rücken liegend beobachte ich eine Weile, wie der Wind das Zeltdach über mir hin und her schiebt. Olaf ist schon aufgestanden, ich höre ihn draußen eine Melodie summen. Ein erster Blick aus dem Zelteingang: Der Himmel ist wolkenverhangen und grau. Ich verbiete es mir, über den Weg, der noch vor uns liegt, nachzudenken.

Nach Frühstück ist mir nicht, irgendwie habe ich ein flaues Gefühl im Magen. Olaf versucht, mich etwas aufzumuntern, hat schon warmen Kakao gekocht, der jetzt in der Blechtasse vor sich hin dampft, die ich in den Händen halte. Immerhin warm – aber ich finde, der Kakao schmeckt grässlich. Ich sehne mich nach einem Kräutertee, doch der ist unerreichbar. Das Packen zieht sich in die Länge, auch die anderen beiden sind noch geschafft vom vorherigen Tag. Mühsam rollen wir die Matten zusammen, die Knie schmerzen. Und irgendwie will es heute auch nicht gelingen, die Ausrüstung klein im Rucksack zusammenzupacken. Einen Träger zu haben – das wäre jetzt fein ...

Wir brechen auf in einen nebligen, feuchten Morgen und stehen wenig später vor einem Rätsel. Der Wegweiser führt eindeutig am Strand entlang, doch der Pfad endet nach wenigen Hundert Metern an einem überfluteten Kliff und darüber erhebt sich die steile Küste. Nirgends ein Steig, den wir nutzen könnten. Hinter uns kommen andere Wanderer, eine Frau mit Hund und zwei Männer. Sie suchen den Weg ebenso wie wir. Der kleine Hund ist es, der, seiner Nase folgend, tatsächlich den Pfad aufspürt.

Als wir ihm mit unseren Blicken folgen, erkennen wir in der gut drei Meter hohen Felswand schmale Tritte und Griffe. Als Orientierungspunkt hat jemand weiter oben ein rotes Tuch an einen abgestorbenen Baum gebunden. Hier muss der Einstieg in den Küstenwald sein. Einer der Männer nimmt seinen Rucksack ab, Olaf baut ihm eine Räuberleiter mit den Händen und schon klettert er geschmeidig die Wand empor. Wir bilden eine Kette, reichen uns das Gepäck Stück für Stück und klettern schließlich nacheinander hinauf. Oben angekommen, ein aufrichtiges Danke! Einer allein hätte es nicht geschafft.

Die anderen Wanderer schultern die Rucksäcke, winken uns noch einmal zu und verschwinden im Busch. Wir gönnen uns noch eine Verschnaufpause, binden die Schuhe fester. Dann folgen wir ihnen.

Ob es dem warmen Kakao zu verdanken ist, der frischen Brise salziger Meeresluft oder dem guten Gefühl, Hilfe zur richtigen Zeit bekommen zu haben? Ich kann es nicht sagen, doch ich spüre, wie meine Kräfte langsam zurückkehren. Das flaue Gefühl im Magen weicht, die Zuversicht steigt.

An diesem Morgen werden wir mit einem Abschnitt des Weges beschenkt, der uns wie ein Märchenwald vorkommt. Nach dem mühsamen Aufstieg laufen wir hoch oben an der Küste entlang. Es muss ein alter Forstweg sein, denn wir können sogar nebeneinandergehen. Den Weg säumen Nadelbäume, darunter wuchert dichtes, tiefgrünes Moos und von den Zweigen hängen hellgrün leuchtende Bartflechten herab. Eine Kulisse im Theater könnte nicht fantasiereicher gestaltet sein. So macht das Laufen wieder Freude. Auch der Rucksack fühlt sich leichter als gestern an. Jeder Schluck Wasser, den wir trinken, jeder Riegel, den wir essen, muss nicht mehr getragen werden.

Mit guten Gesprächen vergeht die Zeit wie im Flug. Als wir am frühen Nachmittag einem steilen Pfad über den Bergrücken abwärts folgen und eine morsche Holzleiter hinunter zum Strand steigen, sieht das Meer nicht mehr grau, sondern tiefblau aus. Der Himmel reißt auf und da der Wind abgeflaut ist, wird es angenehm warm. Im hellen Sand verstreut liegen zahllose silbergraue Treibholzstücke. Freie Flächen dazwischen bieten sich als Lagerplatz an. Es kommt uns paradiesisch vor.

Wir nehmen die Rucksäcke vom schweißnassen Rücken und lassen uns müde in den Sand fallen. Das tut gut! Mit wenigen Handgriffen sind die nassen Schuhe aufgeschnürt. Ich strecke die schmerzenden Beine im warmen Sand aus. Die Wasserflasche kreist. Dazu eine Handvoll Nüsse und Rosinen. Als die Lebensgeister zurückkehren, rappeln wir uns auf. Eine Stunde später ist das Lager aufgebaut.

Über morschen Ästen trocknen die Hosen in der Sonne. Olaf hat mit der Axt Feuerholz geschlagen. Doch das feuchte Treibholz will nicht brennen. Äußerlich fühlt es sich trocken an, innen ist es nass. Zwei Männer, die etwas weiter entfernt an einem prasselnden Feuer sitzen, haben unser Mühen beobachtet. Einer von ihnen kommt zu uns herüber, reicht uns einen groben Klotz rötliches Zedernholz – und erklärt uns, dass dies der beste Zunder sei. Wir sollen einige dünne Späne abschnitzen, dann den Klotz spalten und das Treibholz drum herumschichten. Genauso machen wir es, und tatsächlich, das Zedernholz brennt sofort und verbreitet einen aromatischen Duft. Jetzt gilt es, rechtzeitig kleine Holzstücke nachzulegen, denn ein zweites Mal können wir keine Hilfe erwarten. Olaf bewacht das Feuer und die wachsende Glut, ich laufe den Strand westwärts und finde einen plätschernden Flusslauf, an dem ich unseren rußgeschwärzten kleinen Teekessel auffülle. Wenig später kocht das Wasser für einen Kakao und unser Expeditionsessen. Reis? Nudeln? Egal, Hauptsache etwas Sättigendes für den Magen. Meine Übelkeit ist weg. Ob es der Weg war, der mir auf den Magen geschlagen ist? Allmählich kommt ein wohliges Gefühl auf. Wir sind angekommen.

Das Biwak ist traumhaft schön. Der Blick geht in die Ferne, wo ganz am Horizont ein Schiff zu sehen ist. In dieser Richtung liegt nur noch offener Pazifik und irgendwann kommt Japan. Doch uns lockt keine Ferne. Wir sind unglaublich froh, hier zu sein nach den Strapazen der letzten Tage. Olaf füllt heißes Wasser in die bereitstehenden Tüten und reicht mir eine Portion „Thailändischer Hühnertopf". Dankbar löffle ich die würzigen Nudeln.

So gestärkt fühle ich mich wieder lebendig, habe Lust, das kleine Notizbuch zu zücken, und verziehe mich allein auf einen silbergrauen Treibholzstamm etwas abseits des Lagers. Ein perfekter Aussichtsplatz über den Strand. Ein Ort, an dem ich die Erlebnisse der vergangenen Stunden für mich bedenken und aufschreiben will. Ich erinnere mich an die Strapazen gestern und die unerwartete Hilfe, die wir immer wieder von Fremden erlebt haben. Olaf und Nora, die mich mitgezogen haben, als ich so erschöpft war, bin ich sehr dankbar. Wir haben unsere Grenzen erlebt, sind darüber hinausgewachsen, haben uns gegenseitig Halt gegeben. Diese Erfahrung will ich mir tief im Herzen und in meiner Erinnerung bewahren.

Als ich zum Feuer zurückkomme, haben wir gesellige Nachbarn bekommen. Asiatische Studenten aus Vancouver, die den Trail von der anderen Seite her begehen, befestigen ihre Hängematten zwischen den Bäumen. Sie haben keine Axt dabei, dafür einen Schlauch mit Rotwein. Wir laden sie an unser Feuer ein, rücken zusammen und legen noch einige große Äste auf. Lange sitzen wir beieinander, schauen den tanzenden Funken nach, teilen unsere Erlebnisse und den samtigen Wein, bis die Sterne am Himmel zu sehen sind.

Heute bauen wir kein Zelt auf. Es wird trocken bleiben. Endlich! Als wir in die Schlafsäcke kriechen, weitet sich der Nachthimmel über uns. Silberhell funkeln Tausende Sterne am Firmament. Direkt über uns steht klar und leuchtend das Sternbild des Großen Wagens. Big dipper – große Kelle –, so haben die Studenten diese sieben Sterne genannt. Stimmt, er sieht einer großen Schöpfkelle sehr ähnlich. An diesem Abend fühlt es sich an, als hätte uns jemand den Becher des Lebens bis oben hin gefüllt. Mit diesem Gedanken schlafe ich ein, die Sterne über mir und das Meer zu Füßen.

AUGUST Die kleine Hütte
am Fluss

Die Sonne steht schon tief im Westen, als wir mit unserem Wagen im Schritttempo den staubigen Feldweg entlangrumpeln. Auf dürren Halmen wiegen sich prall gefüllte Ähren rechts und links des Weges. Durch die geöffneten Fensterscheiben dringt laut das Zirpen der Grillen. Die Natur hat uns wieder!

Ich atme auf und sehe am Lächeln in den Mundwinkeln, wie sich auch Olaf langsam entspannt. Erst eine Woche sind wir zurück aus dem Urlaub und in diesen fünf Tagen haben wir versucht alles aufzuarbeiten, was sich inzwischen angesammelt hatte. Es war viel. Zu viel!

Dazu das Gefühl, getrennt zu sein von Sommerwind und Sonnenlicht, eingesperrt im Büro. Es war zu wenig Zeit, die wir draußen verbringen, in den Himmel blinzeln, den Augenblick genießen und den Vögeln hinterherschauen konnten. Was haben wir diese Momente vermisst!

Deshalb gibt es an diesem Freitagabend kein Halten mehr. Wir müssen raus aus der Stadt. Raus aufs Land, durch die Felder an den Fluss, in die Hütte – und das Leben in der Natur wieder neu und prickelnd spüren.

Das Auto parken wir direkt am Waldrand, greifen uns den Korb mit Essen, die Jacken und die Tasche mit den Büchern. Kaum ausgestiegen blieben wir wie angewurzelt stehen. In unmittelbarer Nähe äsen drei Rehe am Feldrand. Als wären sie ebenso überrascht, uns hier zu sehen, starren sie uns an. In dem Moment knurrt unsere Hündin aus dem Auto heraus. Sofort flüchten die scheuen Tiere in weiten Sprüngen übers Feld dem Wald entgegen. Wir schauen ihnen nach, staunend über die Leichtigkeit, mit der sie Gräben überwinden und Distanz gewinnen. Erst jetzt lassen wir den Hund aus dem Auto, nehmen das Gepäck und folgen dem steinigen Pfad ins Flusstal hinunter.

Hohe Buchen, Erlen und knorrige alte Eichen spenden uns Schatten und mindern die drückende Hitze des Sommertages. Kurze Zeit später öffne ich das quietschende Tor zum Grundstück und wir gehen über felsige Stufen hinab zum Fluss. Auf halber Höhe steht die Hütte. Die früher leuchtend roten Fensterläden sind von der Sonne ausgeblichen und fest verschlossen. Lange war niemand mehr hier. Um das Holzhaus herum liegen morsche Äste und Blätter, die uns zeigen, dass so mancher Sturm das schmale Tal entlanggefegt ist. Auch heute verdunkeln bauschige, schmutzig weiße Wolkenberge von Zeit zu Zeit die Abendsonne. Vielleicht brauen sie sich noch zu einem Gewitter zusammen. Wäre auch nicht schlecht, denn die Luft flirrt selbst jetzt am frühen Abend vor Hitze.

Bevor wir die Tür zur Hütte aufmachen, zieht es uns hinunter an den Steg am Ufer. Wir lassen einfach alles auf der Wiese stehen und liegen, setzen uns auf den morschen Holzsteg, ziehen die Schuhe aus und lassen die Beine ins Wasser baumeln.

Einfach mal tun, was uns gerade in den Sinn kommt. Keine Erwartungen erfüllen, sich keinem Diktat von Terminen beugen, niemand, der etwas von dir will. Eine Wohltat!
Ich bin froh, dass wir losgefahren sind, statt zu Hause müde aufs Sofa zu fallen. Rauszugehen, statt sich einzuigeln, ist immer eine Herausforderung. Das Gesetz der Trägheit muss überwunden werden. Wie gut, dass wir nun hier sind!

Wenn die Sonne so tief steht, dass sie die Wolken von unten her anleuchtet, entstehen die schönsten Lichtspiele. Die Ränder der Kumulusberge sind dann mit einer goldenen Bordüre verziert, während sich die graue Mitte plötzlich tiefdunkel in nachtschwarzes Blau verfärbt.

Immer wieder

Nie aufhören, mich an den kleinen Dingen zu freuen.
Ja, das kann ein Anfang sein.

Kein Windhauch ist zu spüren, drückende Wärme umgibt uns. Selbst die Vögel geben keinen Laut von sich. Einige Kanufahrer, vermutlich für heute die letzten auf dem Fluss, stechen ihre Paddel ins Wasser, als wollten sie es teilen. Sie kommen erstaunlich rasch voran. Wie bunte Pfeile, so durchschneiden ihre Kanus die Strömung. Wir haben keine Lust auf Bewegung, liegen faul auf den Holzbohlen und schauen ihnen hinterher. Doch irgendwann meldet sich der Magen. Wollen wir nachher unsere Kartoffeln in der Glut backen, dann müssen wir jetzt für ein Feuer sorgen. In der Natur geht nichts schnell. Alles braucht seine Zeit. Und alles hat seine Zeit.

Jetzt ist es an der Zeit, Feuerholz zu machen, die Hütte aufzuschließen, das mitgebrachte Essen auszupacken und die Holzstühle auf die Veranda zu holen.

Das Holzhaus hat die Wärme der letzten Tage richtig gebunkert. Es ist bullig warm, sodass wir als Erstes die Fenster öffnen und die Läden weit aufmachen. Die Luft scheint dennoch im Raum zu stehen. Olaf greift sich die alte Axt von ihrer Halterung an der Wand, klopft mit einigen Schlägen das Schneideblatt fest und macht sich auf die Suche nach groben Scheiten, die er spalten will. Ich packe den Korb aus, schneide Gemüse und packe die Kartoffeln mit etwas Butter und Gewürzen in Alufolie ein.

Unsere Hündin Aruna kann sich nicht entscheiden, wo der beste Platz für sie ist. So legt sie sich vor die Hütte auf die Terrasse, ist in meiner Nähe und hat zugleich Olaf genau im Blick. Ihr entgeht nichts.

Ich liebe das Geräusch vom Hackstock. Für mich klingt das nach Freiheit und Leben auf dem Land. Ein helles Pling und dazwischen das Splittern der Scheite. Olaf ist in seinem Element.

Bald schon liegt ein solider Vorrat an Buchen- und Birkenscheiten für unser Feuer bereit. Wir brauchen nur noch einige trockene Äste, die übers Knie gebrochen ein Bündel Holz zum Anfeuern ergeben.

Am Ufer gibt es eine Feuerstelle, die wir vor Jahren angelegt haben. Ich schaue Olaf zu, der mit bedachten Griffen das Holz aufschichtet, die Scheite daneben bereitlegt und dann mit etwas Birkenrinde und brennenden Kienspänen den Stoß von unten her entzündet. Einmal mehr kann ich den Blick nicht wenden von den züngelnden gelben Flammen, die sich hell und prasselnd zu einem stattlichen Lagerfeuer auswachsen. Für die Wärme brauchten wir kein Feuer, doch fürs Essen ist es unverzichtbar. Und natürlich schafft es auch eine ganz besondere Atmosphäre, am Feuer zu sitzen.

Ich erinnere mich an unzählige Sommer, die ich als Kind mit meiner Familie an diesem Fluss verbracht habe. In mir steigen Bilder auf von herbstlichen Feuern, wo Laubhaufen und Äste verbrannt wurden. Urwüchsig und schön in ihrer Klarheit.

In den Sommern meiner Jugend am Fluss habe ich mir oft den alten blauen Ruderkahn genommen. Knarrend und schwer ließ er sich im Wasser nur träge manövrieren, doch er trieb auch nicht so schnell ab. Ich ruderte etliche Meter flussaufwärts, band den Kahn mit der eisernen Kette an einem morschen Baumstumpf am Ufer fest und hatte im Schutz der Büsche eine kostbare Leseinsel, von der mich niemand für irgendeine Aktion wegrufen konnte. Ich war weit weg. Aus meiner Sicht damals unerreichbar. Es war mein Eiland, die Zuflucht, um versunken in meinen Büchern andere Länder und andere Leben zu erkunden.

Das Schöne ist, heute kann ich bleiben. Mich ruft keiner zur Arbeit oder zum Essen. In Olafs Nähe kann ich schweigend träumen. Nichtstun ist erlaubt, wenn ich es mir erlaube.

Jetzt den tanzenden Flammen des Feuers zuzuschauen und dahinter den Fluss in der Abendsonne glitzern zu sehen ist fast das Schönste, was ich mir denken kann. Ich bin so froh, dass wir es geschafft haben, hierher aufzubrechen!

Auf der anderen Flussseite wird irgendwo ein Fest gefeiert. Wir hören von fern das Lachen, das Klirren von Gläsern und rhythmische Musik. Es ist ein herrlicher Tag dafür. Zeit, auch unsere Feier zu zelebrieren. Wir feiern das Leben selbst, dass wir Gelegenheit haben, den Funken nachzuschauen, wie sie in den dunklen Abendhimmel steigen, dass wir Zeit haben für Gespräche jenseits des Alltags und dass wir nach dieser hektischen Woche tief durchatmen können.

Aruna hat ihren Kopf auf die Pfoten gelegt und schaut uns aufmerksam an, als könnte sie jedes Wort verstehen. Auch sie entspannt sich sichtlich. Satt und zufrieden liegt sie auf dem noch warmen Holzsteg, während wir unser Essen zubereiten. Klares Wasser, dazu frische Minze und Zitronenschnitze stehen in einem Glaskrug bereit. Wir haben saftige rote Tomaten aus dem Garten, frischen Basilikum und Mozzarella auf einem Teller angerichtet. Olaf holt die dampfenden Kartoffeln aus der Glut und brutzelt Spieße mit Putenfleisch, Zucchini und Paprika mit der Grillzange, während ich noch einmal hinauf in die Hütte laufe, um Kräuterdip, Besteck und Holzbretter zu holen. Dieses Mal haben wir den Luxus, eine Behausung im Hintergrund zu haben. Als ich zurückkomme, ist das Essen fertig.

Wir ziehen uns einen Holzklotz als eine Art Beistelltisch neben das Feuer, rücken zusammen und danken Gott für dieses herzhafte Mahl. Es schmeckt nach Rauch und Weite. Und wir fühlen uns, als wären wir an einem Fluss irgendwo ganz weit weg, in Kanada.

Die Sonne ist längst hinter den hohen Fichten am anderen Ufer versunken, Schatten legt sich über das Tal. Das letzte Tageslicht verabschiedet sich mit einem rötlichen Schimmer in den

Spitzen des Waldes und mit purpurfarbenen Wolkenbergen. Sie spiegeln sich im träge dahinströmenden Wasser des Flusses. Die Nacht bricht an.

„Wo würdest du jetzt am liebsten sein", fragt mich Olaf. „Hier!", antworte ich und das fühlt sich gut an. Ist es nicht pures Glück, dort zu sein, wo man hinmöchte? Oder der zu sein, der man sein möchte? Dann bist du mitten im Unterwegssein schon angekommen, hast Heimat in der Fremde. Diese Gedanken stieben in mir auf wie die winzigen Funken, die sich aus dem leise knisternden Feuer vor uns lösen und in den Abendhimmel steigen.

Plötzlich fegt eine Windböe unverhofft durch das Tal und lässt das Feuer heftig auflodern. Der nachtschwarze Himmel ist sternenlos, aber irgendwo in der Ferne scheint ein Gewitter zu toben. Ein dumpfes Grollen, gefolgt von einem heftigen „Rumms", lässt uns kurz zusammenzucken.

„Wenn du keine Sterne siehst, zünde ein Feuer an!", das sagt mir Olaf manchmal, wenn ich mir Sorgen um etwas mache, was ich nicht beeinflussen kann. Es ist nicht klug, allein darauf zu warten, dass uns alles vom Himmel zufällt. Doch wann ist das eigene Handeln gefragt und wann kann ich abwarten, vertrauen und mich beschenken lassen? Weise ist ein Mensch, der das eine vom anderen zu unterscheiden vermag und weiß, was wann dran ist. „Seht die Vögel im Himmel, sie säen nicht, sie ernten nicht, aber der Herr beschenkt sie doch", heißt es in der Bibel. Ein kluger Gedanke, der entspannt, wenn man sorgenvoll in die Zukunft blickt und meint, man könne dem, was kommt, nicht gewachsen sein.

Das Gewitter kommt näher. Wir merken es nicht nur an den kürzer werdenden Abständen zwischen den Donnerschlägen, sondern auch an der unstetigen Rauchsäule des Feuers. Ständig wechseln die hellen Schwaden von einer auf die andere Seite, und wir sind gezwungen aufzustehen, wollen wir den beißenden Rauch nicht einatmen. Doch das Ganze hat auch etwas Gutes: Die drückende Hitze des Tages wird von frischen Böen vertrieben. Am Horizont sehen wir die Blitze wie gewaltige Krakel in blendendem Weiß den ganzen Himmel überziehen. Wieder fegt ein Windstoß über das Wasser. Die dunkle glänzende Oberfläche wird rau, formt unzählige kleinste Wellen, die ein V bilden und dem Bug eines Schiffes gleich durch das Wasser pflügen, bis sie sich am Ufer oder an einem Felsen brechen. Wir beschließen unser Feuer zu sichern.

Olaf zieht die letzten glimmenden Scheite mit der Axt auseinander. Dann packen wir zusammen, räumen alles in den Korb, sodass nichts wegwehen kann, setzen uns im Schneidersitz dicht nebeneinander auf den Steg und warten auf den Wettersturm. Ich fröstle leicht. Olaf legt mir die Decke um die Schultern.

So sitzen wir schweigend, sehen dem wilden Zucken der Blitze zu, hören das aufgeregte Plätschern der Wellen zu unseren Füßen und sind gespannt, ob sich das Gewitter weiter in unsere Richtung bewegt.

Zeit ist relativ. Sie vergeht meistens viel zu schnell. Doch manchmal zieht sie sich zäh dahin wie cremiger Honig. In dieser Nacht sind wir „Zeit-los". Es ist egal, wie spät es ist, unerheblich, ob es Minuten oder Stunden sind, die wir dem Treiben des Wetters zuschauen. Wir sind einfach nur da. Ganz im Augenblick.

Es gibt für den Moment kein Gestern und kein Morgen. Sorgenvolle Gedanken sind verflogen, wie der Rauch des Feuers, den der Wind über den Fluss getragen hat. Solche Momente sind selten in unserem Leben. Wenn wir sie bemerken, stellt sich tiefe Zufriedenheit ein. Es ist, als würden wir unser Glück multiplizieren.

Das Gewitter verharrt in der Ferne, doch die Luft hat sich angenehm abgekühlt. Zeit, schlafen zu gehen.

Es ist spät geworden, als wir im Schein der Taschenlampe den schmalen Pfad zur Hütte hochlaufen. Als wir das kleine Holzhaus betreten, nimmt uns die angestaute Wärme des Tages fast den Atem. Draußen war es nach dem Gewitter merklich kühler. Doch hier drinnen ist die Luft leider stickig geblieben. Nur einige sirrende Mücken scheint das nicht zu stören. Uns dagegen schon.

Wer sagt denn, dass man im Haus schlafen muss, nur weil ein Bett dort steht? Wir könnten die Matratzen doch auch auf die Terrasse schleppen. Gesagt, getan. Gemeinsam tragen wir eine der schweren Matratzen hinaus, dazu zwei Kopfkissen und eine Decke.

Wenig später liegen wir aneinandergekuschelt im Freien. Die Nacht ist mild und samtig. Und mitten hinein in die Stille, die uns umgibt, klingt das kehlige Rufen eines Waldkauzes. Er muss ganz in der Nähe auf einem der alten Bäume sitzen. Vielleicht schaut er zu uns herunter. Schaurig-schön klingt es. Ein einsames Rufen, was ohne Antwort bleibt. Wieder und wieder durchdringt es die Stille des Waldes. Wir lauschen stumm, spüren die Wärme des anderen und genießen unser luftiges Schlafgemach.

Die Matratze nehmen und sich auf den Balkon legen, das habe ich auch als Kind hin und wieder gemacht. Ein Tuch darübergespannt, fühlte ich mich wie in einem Zelt irgendwo in einem fernen Land. Die Geräusche der Autos und Nachbarn konnten den Zauber nicht zerstören. Wann ist dieses innere Träumen, der Aufbruch in die Abenteuer des Alltags auf der Strecke geblieben?

Keine Ahnung. Darüber habe ich noch nie nachgedacht. Doch jetzt in dieser Nacht ist das Gefühl wieder da.

Nähe

Bei mir sein
    und bei dir zugleich

geliebt, getröstet, gehalten

Meinen Weg gehen
    und deine Hand halten

Meine Mitte finden
    und mit dir das Weite suchen

Meine Unruhe aushalten
    und bei dir ankommen

Meine Schwäche annehmen
    spüren, dass deine Kraft genügt

In der Fremde Heimat finden
    getröstet, gehalten, geliebt

Kurz bevor wir einschlafen, sind die ersten Sterne dieser Nacht hoch über uns zu sehen. Das Sternbild des „Großen Wagens". Er ist da. Hier am Fluss, am Strand des Pazifik, im Elbsandsteingebirge. Darauf ist Verlass. Mit diesem Gedanken gleite ich in einen tiefen, wohltuenden Schlaf.

Als die Morgendämmerung einsetzt, hören wir noch im Halbschlaf ein heiseres Bellen. Es kommt aus dem Wald auf der anderen Flussseite. Schon im letzten Spätsommer haben wir dieses unheimliche Geräusch gehört. Doch es sind nicht etwa wilde Hunde, das weiß ich inzwischen, es sind Rehböcke, die so schreien. Schrecken nennen Jäger das merkwürdige Bellen. Es hört sich ungewohnt an, aber irgendwie auch schön. In der Stadt werde ich es nie zu hören bekommen. Jetzt, wo ich es zuordnen kann, hat es seinen Schrecken für mich verloren.

Hier draußen fühle ich, wir sind Leben inmitten von Leben, was leben will. Mit dieser Gewissheit begrüße ich still den neuen Tag. Dann drehe ich mich auf die Seite, spüre Olafs Wärme im Rücken und schlafe noch einmal ein. Später am Tag wird uns die Sonne wecken.

SEPTEMBER Schwarzwald

Ich habe nur dieses eine, dieses letzte Streichholz. Das Feuerzeug steckt in Olafs Hosentasche und der ist vor einer halben Stunde aufgebrochen, um die anderen abzuholen. Wenn sie zurückkommen, soll das Feuer brennen – lodernd, hell und einladend.

Jetzt kommt es darauf an. Es muss funktionieren, wenn ich alles richtig gemacht habe. Einige Holzscheite liegen nebeneinander in der Feuerstelle, darauf jeweils am äußeren Rand zwei dicke Scheite. Fingerdicke Holzstöcke liegen quer darüber und darauf wiederum ein einzelner Klotz. Schmale Streifen von Birkenrinde umgeben von trockenem Moos und Holzspänen bilden eine Art Zundernest, was in der Mitte der Scheite liegt und zuerst brennen soll. Alles ist so locker geschichtet, dass Luft ans Feuer gelangen kann. Fichtenreisig und schmale Holzscheite habe ich in dem Unterstand im Wald zusammengesucht und bereitgelegt.

Das Streichholz flammt auf. Ich schütze die bläuliche, kleine Feuerzunge mit der Hand und schiebe sie direkt an den Zunder. Leichter Qualm steigt auf. Es riecht verbrannt nach Birke. Das glimmende Nest wird rasch größer, frisst sich durch die trockenen Äste. Behutsam lege ich nach und puste sachte von unten in die spärlichen Flammen. Mit einem leisen Fauchen greift das Feuer um sich. Wenige Augenblicke später knistern und prasseln Flammen gelb und gierig. Ich lege nach einer

Weile einige kleine Scheite aus Birkenholz und Buche nach und weiß, meine Arbeit ist fürs Erste getan.

Die Feuerstelle ist mit Bedacht angelegt. Abgerundete Gesteinsbrocken, im Kreis zu einem Schutzwall aufgeschichtet, bilden eine Art Feuerbann. Auch wenn die Flammen hochschlagen, sie werden so weder auf die angrenzende Wiese noch auf Bäume überspringen können.

Allein im Wald achte ich mehr auf die Geräusche. Wispernd bewegen sich die Blätter einer kleinen Esche, als ein leichter Wind über den Bergrücken herabstreicht. Ungleich mächtiger rauschen nun auch die hohen Tannen und Fichten an den Hängen. Kleine Vögel streiten sich schrill zirpend. Als ob es nicht genug Wasser für alle geben würde. Sie sitzen auf dem steinernen Rand eines natürlichen Beckens, das mit Wasser aus dem nahen Bach gespeist wird.

Als ich näher komme, um mein Gesicht darin zu waschen, flattern die Vögel erschreckt davon. Perlend und eiskalt ist das Wasser. Viel kälter als unser Leitungswasser zu Hause. Pures, klares Nass.

Mir kommt ein Gedanke: Wir haben zwei Flaschen Wein im Gepäck, der nach der Hitze des Tages viel zu warm geworden ist. Das Becken ist so flach, dass ich die Flaschen legen muss, aber es ist der perfekte Kühlschrank dafür.

Der warme Spätsommertag neigt sich dem Abend entgegen. Ein harziger Duft steigt von den Tannen auf. Nur noch die Spitzen der Nadelbäume schimmern rötlich im Licht der letzten Sonnenstrahlen. Die schattige Kühle tut gut. Für September ist es ungewöhnlich warm.

Wir haben gefunden, was wir uns erträumt haben: einen geschützten Platz, der alles bietet, was wir für eine Nacht unter Sternen brauchen: Windschutz, Wasser, Holz und eine Feuerstelle.

Quelle

Aus welchen Quellen leben wir?
Was begeistert uns?
Wann erleben wir überströmende Freude?

Was erfüllt uns so, dass wir uns am rechten Platz fühlen,
dass sich tiefe Zufriedenheit einstellt.
Woraus können wir schöpfen, wenn unsere Kraft nachlässt?

Sich selbst neu spüren, anderen mit offenen Armen begegnen,
das Ego verlassen.
Feste feiern, sich den Elementen aussetzen.

Sich der eigenen Unruhe stellen.

Eins sein mit dem Klang der Natur – ein Teil des großen Ganzen.

Der Sehnsucht folgen und der Verheißung trauen:
Du bist geliebt!
Das brauchen wir, wie das Wasser zum Leben.

Silva nigra – schwarzer Wald, der Name passt. Eine herbe Schönheit. Mächtige Fichten und Tannen, dazwischen alte Buchen, unter denen sich dunkel-dichte Moosteppiche ausbreiten. Eine Landschaft, in der die Legenden wachsen.

Der Wald führt ein ganz eigenes Leben. Sehen kann ich nur einen Bruchteil davon. Das geheimnisvolle Flechtwerk von Pilzen unter der Erde, Tausende von kleinsten Lebewesen unter der rauen Borke alter Bäume, winzige Keimlinge, die das Totholz als Lebensraum nutzen. All das bleibt unseren Augen verborgen. Was wir sehen, sind lediglich Spuren, die wir zu deuten versuchen. Am Holzschober liegen zerpflückte Zapfen herum, die sich ein kleiner Nager geholt hat. Auch in dem Unterstand, in dem wir das Gepäck lagern werden und in dem eine Kiste mit Material für das Camp steht, müssen Tiere hausen. Überall liegen kleine Späne, Spuren von Kot und etliche stachelige, aber leere Bucheckern herum. Ob es Mäuse sind? Wir werden unsere Nahrungsmittel gut verpacken, um sie nicht mit ihnen zu teilen.

Ich frage mich, wie viele wilde Augenpaare mir furchtsam oder neugierig folgen, während ich das Feuer schüre? Wie sich Tiere und Pflanzen an diesen Ort angepasst haben, hier Nahrung finden, leben und vergehen und sich dabei gegenseitig brauchen oder verdrängen, lässt mich staunen. Es ist ihr Refugium, in das wir eindringen, ohne sie zu fragen. Mit-Welt – so werde ich die Vielfalt nennen.

Ohne Ortskenntnis oder die Hilfe eines Rangers findet man das Naturcamp nicht. Ein steiler, wenig genutzter Pfad führt abseits der Wanderwege das Tal herab. Zwischen Büschen und Bäumen folgt er dem Bachlauf, der am Hang entspringt.

Die Straße verläuft oben auf dem Bergrücken. Von dort aus sind wir abgestiegen. Wir wollen dieses Mal nicht nur unter freiem Himmel übernachten, sondern unter freiem Himmel leben. Als sich herausstellte, dass wir einen Vortrag im Besucherzentrum des Nationalparks halten werden und dass es hier ein Naturcamp gibt, was man nutzen kann, haben wir unsere Kinder eingeladen, das Wochenende mit uns zu verbringen.

Ob es den anderen gefällt? Wie wird das mit unserem einjährigen Enkelkind werden? Wir sind eine buntgemischte Gruppe. Lange bevor ich sie sehe, kann ich sie hören. Immer wieder lösen sich Steine auf dem Weg mit leichtem Poltern unter schweren Schritten. Ein Eichelhäher fliegt kreischend auf und verrät die Ankömmlinge. Ich bin mir sicher, dass sie schon von Weitem den rauchigen Duft des Feuers riechen und sich freuen, wenn sie zwischen den Büschen den hellen Schein der Flammen sehen.

Kurze Zeit später treten sie einer beladenen Karawane gleich aus den Büschen auf die große Lichtung. Bellend vor Begeisterung tobt der Hund auf mich zu, während die Wanderer ihre Rucksäcke absetzen und sich freuen, angekommen zu sein. Wir haben uns viele Wochen nicht gesehen. Es gibt so viel zu erzählen und zu fragen.

Wir haben Zeit. Zeit und Platz in Fülle.

Die Rucksäcke lagern wir in dem hölzernen Unterstand, der als Wetterschutz errichtet wurde. Geschlafen wird natürlich unter freiem Himmel. Im Halbdunkel des Verschlages stehen zwei stabile Kisten mit Material für die Besucher des Camps. Wir sind neugierig, was die Ranger für uns deponiert haben.

In der kleineren Kiste liegen in Bahnen gefaltet ein Tarp aus fester Zeltbahn, dazu Heringe und Abspannseile. Bei Regen können wir uns daraus einen einfachen Unterschlupf bauen. Aber wie es aussieht, werden wir ihn nicht brauchen, denn der Himmel ist nahezu wolkenfrei und der Spätsommer zeigt sich von seiner allerschönsten Seite. Ich freue mich darauf, in der Nacht die Sterne zu sehen.

Mitten im Wald, weit weg von Städten oder Siedlungen, wird die Nacht tief dunkel und vor allem frei von störendem elektrischen Licht sein.

Die zweite, etwas größere Kiste sieht aus, als wäre sie für eine Expedition gepackt. Als wir sie öffnen, finden wir ineinandergeschichtet rußige Feuertöpfe, einen Suppentopf mit Deckel, den wir über einen Dreispitz am Feuer hängen können, Schöpfkelle und Schneidbretter aus glatt gehobeltem Holz. Auch ein Feuerzeug, Teelichter und eine Sturmlaterne sind vorhanden. Am Grund der Kiste liegen eine Bügelsäge und ein weiteres Beil. Das ergänzt unsere Ausrüstung.

Als wir gemeinsam das Lager bereiten, fasst jeder mit an. Wir brauchen kaum Worte, um uns zu verständigen. Planen und eine Decke nehmen wir als Unterlagen, die Isomatten sind schnell aufgerollt. Während wir uns oberhalb der Feuerstelle einen guten Platz suchen, wählt sich Florian eine Stelle weiter unterhalb aus. Janine, Lina und Nora finden einen Platz, wenige Schritte entfernt, an dem sie sich wohlfühlen. Das Naturcamp ist groß genug, um sich Raum zu lassen.

Kaum auf ihren Beinen stehend erkundet unsere Jüngste die Umgebung. Alles ist interessant. Mit Ausdauer zupfen kleine Finger Gänseblümchen und Grashalme. Jeder Stock und jedes Blatt verdient es, in die Hand genommen zu werden. Wir folgen Lina mit achtsamen Blicken, lassen sie aber auf eigene Faust den Platz und die Lichtung erkunden. Am spannendsten ist für sie das plätschernde Rinnsal, was aus dem Wasserbecken in die Wiese läuft. Juchzend hält sie ihre Hände darunter, unbeeindruckt davon, dass ihr das kalte Wasser in die Ärmel der Jacke tropft. Macht nichts, es gibt einen Ersatzpulli im Gepäck. Hier darf sie sich ausprobieren. Die Männer auch. Sie haben das zweite Beil und eine Axt mit abgegriffenem Stiel und scharfem Blatt gefunden. Gemeinsam steigen sie den Hang empor, holen sich aus dem Holzstapel grobe Klötze und kurz darauf hören wir wuchtige Hiebe. Blanker Stahl trifft Holz. Der helle Klang und das Splittern, wenn der Block in Scheite gespalten wird, sind urtümliche Geräusche, die ich liebe. Kraftvoll schwingt die Axt hoch über den Kopf, um dann präzise genau auf den Punkt im Verlauf der Fasern zu treffen. Tief fährt sie ins Holz. Mit aller Energie wird der Holzblock erneut in die Höhe gerissen und saust mit dem ganzen Gewicht und Schwung auf den Hackstock nieder, wo er in grobe Scheite zersplittert. Olaf wirft die Scheite hinüber zum Feuerplatz. Gemeinsam stapeln wir einen hübschen Vorrat für den Abend auf.

Nora hat auf der Lichtung etliche Stöcke gefunden, die sie nun sorgsam anspitzt. Heute Abend soll es Würste am Spieß geben. Es wird ein Festessen werden. Alle tragen etwas dazu bei.

Ich schichte die Holzscheite auf. Jeder fühlt sich ein wenig anders an, wenn ich ihn in die Hand nehme und zum Stapel lege. Manche sind rau und gesplittert, andere fast weich in ihrer faserigen Maserung und wieder andere Hölzer haben Spuren von Verletzungen und Astlöcher in ihrem Holz. Versunken in mein Tun, kommt es mir vor, als würde die Zeit langsamer verstreichen.

Irgendwo in der Nähe höre ich einen Specht in der abendlichen Stille des Waldes abgehackt und rhythmisch an einem hohlen Baum hämmern. Ich bin hier. Atme den Duft der Bäume, spüre die leichte Brise des Windes, rieche den Rauch des Feuers, der über die Lichtung zieht.

Auf dem großen Holzbrett sind Brot, Käse mit einer Kruste aus Heublumen und dazu Gurke garniert mit Schnittlauch angerichtet. In kleinen tönernen Schüsseln stehen Schwarzwaldcreme, ein saurer Rahm mit Kräutern, eingelegte Oliven und getrocknete Tomaten mit Knoblauch bereit. Mir läuft das Wasser im Mund zusammen.

Mit dem Stock schiebe ich die hell brennenden Scheite etwas zur Seite. Darunter ist ein Glutbett zu sehen, was heiß und ruhig glimmt. Zeit, sich zu versammeln.

Doch die Männer sind noch nicht so weit. Sie haben eine kleine Badestelle entdeckt und wollen sich schwitzend vom Holzhacken noch abkühlen. Etwas unterhalb des Lagers gibt es den passenden Platz dafür. Dort hat sich der Bach seinen Lauf um einen großen Felsblock herum gesucht. Ein natürliches Becken ist entstanden. Groß genug, um flach liegend in der Strömung zu baden. Prustend und lachend tauchen die beiden in das prickelnd kalte Wasser. „Das musst du probieren", sagt Olaf, als er zurückkommt. „Wir warten gerne mit dem Essen auf dich."

Als ich in den Bach steige, vorsichtig über spitze Kiesel balanciere und mich dann in die flache Senke lege, nimmt mir die Kälte kurz den Atem. Tausende feiner Nadelstiche berühren meine Haut. Nur kurz lege ich mich ganz flach hin, platsche mit Händen und Füßen, als könnte das die Kälte fernhalten. Dann wate ich zitternd vor Kälte zurück ans Ufer. Meine Haut kribbelt, das Blut jagt pulsierend durch die Adern.

Als ich mich mit dem Handtuch trocken rubble, fühle ich mich quicklebendig. Die Anstrengung des Tages, der lange Weg, das Schleppen des Gepäcks, das Feuermachen und Lagerrichten, all das zählt nicht mehr. Ist weggewaschen. Weggespült sind auch die lästigen Gedankenschleifen, das ewige Planen oder Sorgen um das Kommende. Der Kopf ist frei. Die Füße stehen auf weitem Raum. Tiefe Zufriedenheit steigt in mir auf. Ich bin un-beschwert, un-besorgt und überglücklich.

Die anderen warten.

So ziehe ich mich, fröstelnd jetzt, rasch an, hole noch einen wolligen Pulli aus dem Rucksack und laufe die Wiese hinauf zum Feuerplatz.

Über der Glut schmoren schon die ersten Würste. Auf einem großen Stein neben dem Feuer ist unser kariertes Tuch ausgebreitet. Eines meiner Lieblingsstücke, was überall mit hinmuss. Wir haben es damals in diesem urigen Generalstore zwischen Petroleumlampen, Biberfell und Gürtelschnallen in einem kleinen Nest irgendwo in Kanadas Norden gekauft. In der Wildnis hat uns das Tuch als Tischdecke gedient. An diesem rostrot karierten Stoff hängen eine Menge Erinnerungen und Gefühle. Auch das Jagdmesser mit dem dunkelbraunen Holzgriff, was Olaf in einer ledernen Scheide am Gürtel hängend trägt, hat eine eigene Geschichte. Ich habe es ihm vor Jahren geschenkt, um den Traum an ein Leben in der Wildnis wach zu halten. Unsere jüngste Tochter hat ihm die lederne Hülle aus gegerbter Hirschhaut in Kanada gefertigt. Eine befreundete Rancherin hatte ihr das Leder geschenkt und zugeschnitten. Tagelang arbeitete sie daran, das Leder nach Tradition der First Nations mit einem silbernen Adler und Fransen zu verzieren. Ich sehe uns noch im Blockhaus sitzen, die wuchtigen, grob behauenen Stämme gaben uns ein Gefühl von Geborgenheit. Im Ofen knackte das Holz und verbreitete Wärme, während der eisige Wind den Schnee vor sich her über den zugefrorenen See trieb. Hinter gewöhnlichen Gegenständen verbergen sich viele Erinnerungen und mitunter die schönsten Geschichten.

Während ich ins Tagträumen gerate, hat Olaf mit seinem Messer eine weitere Wurst angeschnitten und drückt mir einen Stecken dazu in die Hand. Beißender Rauch steigt in die Augen und ich wechsle auf die andere Seite des Feuers. Einer der großen Steine eignet sich gut als Sitz, um von dort aus das Essen zu grillen. Aufsteigende Hitze bräunt die Wurst, die angeschnittenen Seiten platzen weiter auf. Fett tropft zischend auf die heiße Glut und steigt als köstlicher Duft in die Nase. Linas kleine Kinderhände, dreckig vom Matschen und Spielen, greifen nach

Wurststückchen und frischem Fladenbrot. Auch wir Großen reißen uns Stücke davon ab, streichen Kräutercreme hinein. Doch bevor wir den ersten Bissen nehmen, halten wir inne. Das Herz ist übervoll mit Dank. Es ist alles da, was wir im Leben brauchen. Brot und Wein, Geborgenheit und Liebe, gute Worte und ein Feuer unter dem hohen Abendhimmel.

Dieses Glücksgefühl will raus, braucht Worte und ein Lied. Als die Kinder noch klein waren, haben wir vor dem Essen gemeinsam gesungen. Eine fröhliche Melodie und dazu Worte, die uns bewusst machen, dass es etwas Kostbares ist, unbeschwert oder glücklich essen zu können und satt zu werden. „Alle guten Gaben, alles, was wir haben, kommt, o Gott, von dir. Wir danken dir dafür."

Lina schaut uns aufmerksam an, als wir das vertraute Lied anstimmen. Wir singen nicht für das Kind, obwohl es ihm sichtlich gefällt. Wir singen für uns, denn der Dank macht uns den Reichtum dieses Augenblicks bewusst.

Dann beiße ich herzhaft ins weiche Brot und die dunkel gegrillte Wurst. Es dampft und schmeckt. Hoch über uns steht hell leuchtend der erste Stern am Abendhimmel. Genüsslich schließe ich beim Kauen die Augen. Als Olaf die gekühlte Flasche Wein aus dem Wasser holt und uns in die Becher einschenkt, denke ich, wir sind wahrhaftig in einer Sterneküche.

Stunden vergehen. Während die Sterne stetig ihre Bahnen am Himmel ziehen, sitzen wir am glimmenden Feuer. Längst träumt Lina in ihren Schlafsack gekuschelt von den Waldabenteuern des Tages. Doch von uns ist keiner müde. Niemand will den Zauber dieser Nacht verschlafen.

Tief im Süden sehen wir vier leuchtende Sterne. Es ist Pegasus, das geflügelte Himmelspferd, erklärt mir Olaf. Ich kneife die Augen zusammen, doch ein Pferd in diesem Viereck zu erkennen fällt mir schwer.

Träume

Wie oft habe ich morgens versucht, mich zu erinnern,
was ich in der Nacht geträumt habe?
Manchmal ist ein gutes Gefühl geblieben. Bilder von
Wiesen
im Sonnenglanz, vom Meer, von Schiffen mit prallen
Segeln.
Oder eine dunkle Ahnung, das Bild einer tiefen Schlucht.
Der Gedanke, verfolgt zu werden. Mich zu verlieren,
in einem Irrgarten ohne Anfang und Ende.

Welchen Träumen gehen wir nach?

Und welche Träume leben wir?

Warum hat mir niemand in der Schule erklärt, welche Sternbilder man zu welchen Zeiten sehen kann? Früher wusste jeder
Bauer, dass der Herbst nahe ist, sobald Pegasus, das Herbst-
viereck, am Himmel aufzieht.

Herbstlich fühlt sich diese Nacht nicht an.

Die Luft ist mild, das Gras trocken und vom Boden steigt
selbst zu dieser späten Stunde noch ein warmer, erdiger Geruch
auf. Die Bäume des Waldes tragen ihr üppiges Laub wie ein Fest-
gewand und am Tag habe ich sogar die Grillen zirpen gehört.
Auch wenn es Spätsommer zu sein scheint, die Natur folgt
ihrem großen Rhythmus. Der Herbst zieht herauf. Die Sterne
erzählen es uns. Sie sprechen eine helle, eine klare Sprache.

Irgendwann ist das Feuer komplett heruntergebrannt. Keine
Ahnung, wie spät oder früh es ist. Zeit spielt in dieser Nacht
ohnehin keine Rolle. Wir werden schlafen, wenn wir müde sind,
und aufwachen, wenn uns die Sonne ins Gesicht scheint. Im
Liegen lassen sich die Sterne noch viel besser bestaunen und so
legen wir uns auf die Schlafsäcke, den Blick in die Weite gerichtet, und erzählen uns leise Geschichten, die plötzlich aus der
Vergangenheit aufsteigen und uns verbinden.

Lautes Kreischen, polterndes Trappeln und quietschende Laute
schrecken mich auf. Ich muss tatsächlich eingeschlafen sein.
„Was in aller Welt ist das?", frage ich die anderen. Florian tippt
auf eine Familie Siebenschläfer, die größer als Mäuse, aber
kleiner als Eichhörnchen einen gehörigen Krach veranstalten
können. Solche Geräusche sind typisch für die kleinen Nager,
die vor allem nachts aktiv sind. Ich habe so einen nächtlichen
Spektakel noch nie gehört. Gut, eine Erklärung dafür zu haben.

Erschreckend ist meistens nur das, was wir nicht einord-
nen können. Ich nehme mir vor, mich kundig zu machen, wie
ein Siebenschläfer aussieht. Vermutlich waren es ihre Spuren,

die ich in dem Holzverschlag gesehen habe, aber nicht deuten konnte. Als die Geräusche abrupt aufhören, beschließe ich, mich wieder zur Ruhe zu legen. Es ist so mild, dass ich den Reißverschluss des Schlafsacks ganz öffne und ihn nur als Decke benutze. Den anderen murmle ich ein „Guts Nächtle" zu und lasse mich vom Schlaf davontragen.

Ob ich auf Pegasus geritten bin oder Siebenschläfer gezählt habe, am Morgen fehlt mir jede Erinnerung an nächtliche Träume. Erstaunlicherweise fühle ich mich frisch und ausgeschlafen, obwohl es gerade erst sieben Uhr ist. Das Licht des neuen Tages lässt mich allmählich wacher werden. Das lauter werdende Zwitschern der Vögel ist der schönste Wecker, den ich mir vorstellen kann. So könnte jeder Morgen beginnen. Dieses Mal schläft Olaf tatsächlich länger als ich. Sicher hat er noch die Sterne bewundert, während ich längst tief geschlafen habe. Ich ziehe die Decke über die Schulter, drehe mich zufrieden auf die Seite und lausche dem Konzert der Vögel. Über der Feuerstelle steigt eine schmale Rauchsäule kerzengerade in den Morgenhimmel.

Eine Stunde später stehen wir auf. Ich folge Olaf hinunter zum Bach. Die rußige Kanne nehme ich gleich mit, um Wasser für den Tee zu holen. Nichts macht schneller wach als ein kurzes Bad im eiskalten Bach.

Als wir mit der gefüllten Kanne zurück ins Lager kommen, brennt knackend und munter bereits ein helles Feuer. Florian hat die Glut der Nacht genutzt, behutsam Holz nachgelegt und so begleitet uns das vertraute Feuer hinein in den neuen Tag.

Die Zeit scheint stillzustehen. Es drängt nichts, es gibt keine Termine. Niemand muss etwas müssen. Stattdessen Zeit für Muße. Nichtstun, die Seele einfach schwingen lassen. Klingen lassen, was in uns ist.

suchen & finden

Wer bin ich inmitten all der anderen?
Wer bin ich ohne die anderen?
Tausendfache Kreatur umgibt mich.
Flattert, wuselt, wirbelt, fliegt, surrt, brummt, raschelt,
grünt, erblüht, welkt, strömt und entfaltet sich.
Alles ist in Bewegung.
Alles ist eines in einem.
Übersteigt mein Denken,
füllt mein Herz,
labt meine Seele.

Wer bin ich Gott?

Erde unter den Füßen,
der Himmel wölbt sich über mir.
So finde ich mich und
erahne dich.

Ich schaue Lina zu, die Steinchen auf ein dickes, grünes Blatt sammelt, und werfe mit ihr zusammen Grashalme ins Wasser. Der Bach dreht die Halme lustig im Kreis und trägt sie davon. Alles ist im Fluss. Nichts bleibt, wie es war.

Olaf döst in der Sonne. Die Schwestern haben sich viel zu erzählen und sitzen an den Holzstapel gelehnt auf einer Decke im Schatten. Florian liest in einem Buch, während er immer mal wieder einen Scheit ins Feuer legt. Am Stand der Sonne, die den Zenit längst überschritten hat, bemerken wir, dass die Stunden vergehen.

Am Nachmittag brechen die Kinder auf. Olaf begleitet sie das Tal hinauf, hilft Gepäck zu tragen. Wir verabschieden uns ohne Wehmut. Wir haben uns gegenseitig gutgetan. Es ist Zeit, dass jeder wieder in seine Welt zurückgeht.

Ich bleibe gerne eine Weile allein. Sitze am Feuer, träume, suche Worte, die den großen Klang in mir, die innere Weite und das Ankommen bei sich selbst beschreiben können. Irgendwann schlage ich das lederne, schwarze Notizbuch auf. Die Gedanken fließen direkt in den Stift, aufs Papier.

Als Olaf zurückkommt, spiegeln seine Augen die innere Freude, die Ruhe und den Frieden, den ich in mir spüre. „Wie gut, dass wir noch eine Nacht bleiben", sagt er und legt einen Scheit ins Feuer.

Wir brauchen keine weiteren Worte.

Spät am Abend liegen wir nebeneinander, schauen in den Nachthimmel und erfinden eigene Sternbilder. Malen uns Geschichten dazu aus und sind uns sicher, wir haben ein Stück Himmel auf Erden gefunden.

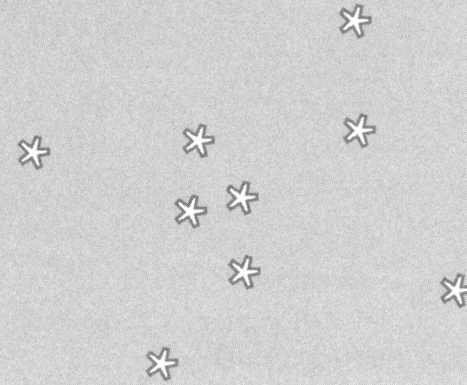

Großstadtsterne

D ie Blechlawine ergießt sich vom Berliner Ring über den Mehringdamm in die Stadtmitte. Stoßstange an Stoßstange drängen sich die Autos. Zwischen Lieferwagen, röhrenden Geländewagen, klapprigen Kleinwagen und schwarzen Limousinen mit getönten Scheiben schieben wir uns meterweise die Straße entlang. Im Stau sind alle gleich.

Am Abend nehmen wir an einer Veranstaltung in Berlin Mitte teil. Anders als üblich werden wir danach nicht ins Auto steigen, um heimzufahren.

Diese Nacht wollen wir unter dem Himmel von Berlin verbringen. Aber wo nächtigt man im Großstadtdschungel? Stadtwälder, Parks oder Gärten – es muss doch auch mitten in Berlin möglich sein, unter Sternen zu übernachten, oder?

Bei unserer Recherche im Internet sind wir auf einen interessanten Ort gestoßen. Nur wenige Hundert Meter von unserem abendlichen Veranstaltungsort entfernt liegt der Humboldthain. Ein Park, mit dessen Anlage im Jahr 1869, zum einhundertsten Geburtstag des Naturforschers Alexander von Humboldt, begonnen wurde. Heute ist es ein Erholungspark mit Freibad, altem Baumbestand und schönen Wiesenflächen. Eine grüne Oase für die Anwohner. Vielleicht ist es auch ein passender Platz zum Übernachten. Das wollen wir vor Ort entscheiden.

Die Wahl für den Übernachtungsort kommt nicht von ungefähr. Seit Wochen beschäftigen wir uns mit der Biografie des großen Naturkundlers Alexander von Humboldt, dessen Heimatstadt Berlin ist. Auch uns fasziniert der deutsche Gelehrte, von dem Goethe sagte, dass man in einer Stunde mehr von ihm lernen könne als in acht Tagen, in denen man Bücher liest. Er wusste als einer der Ersten, dass es zu wenig ist, die Welt mit wissenschaftlichen Methoden getrennt nach einzelnen Disziplinen zu erforschen. Wir müssen sie als ein großes Ganzes sehen.

Humboldt kannte sich in ökonomischen Zusammenhängen genauso aus wie in Zoologie, Botanik oder Geologie. Klimakunde und Geografie waren ihm bestens vertraut. Er war ein echtes Universalgenie. Einer, der die Welt in ihren Zusammenhängen erkundete.

Man erzählt von ihm, er habe anderen Forschern immer geraten, sie müssten raus aus ihren Studierzimmern und rein in die Natur, um diese mit allen Sinnen zu spüren. Sie sollten die Natur in ihrer Wildheit, Größe und Schönheit erleben, Tiere und Pflanzen in ihrem angestammten Lebensraum beobachten, statt sie nur unter dem Mikroskop zu untersuchen.

Humboldt selbst hatte als Kind nicht so viele Gelegenheiten, durch die Natur zu stromern. Erst als Erwachsener holt er das gründlich nach. Er folgt seinem Forscherdrang und reist fünf Jahre lang durch Südamerika und weiter nach Nordamerika. Tausende Arten bis dahin unbekannter Pflanzen beschreibt er, bringt sechzigtausend botanische Proben von diesen Reisen mit und schreibt Bände voller Notizen, in denen er seine Beobachtungen präzise festhält.

Selbst als Sechzigjähriger bricht er nochmals auf, um Osteuropa und Asien mit einer Pferdekutsche zu durchqueren. Was für eine ungeheure Neugier, welch ein Entdeckerdrang müssen ihn motiviert haben!

Als Alexander von Humboldt mit neunzig Jahren stirbt, ist er ein weltweit beachteter Forscher und Wegbereiter für die Vorstellung der Welt als zusammenhängendes ökologisches System.

Zu seinem einhundertsten Geburtstag gingen allein in Berlin 80.000 Menschen auf die Straße und feierten ein Genie, das später beinahe in Vergessenheit geriet. Kurze Zeit darauf wurde der Humboldthain angelegt, die kleine grüne Oase inmitten einer Millionenstadt, die wir jetzt im dichten Feierabendverkehr nicht weit von der Charité entfernt suchen. Hinter dem Naturkundemuseum biegen wir in eine weniger befahrene Seitenstraße ein. Einige Querstraßen weiter säumt dichtes Grün den Weg. Wir haben den Park gefunden.

Als wir aus dem Auto steigen, trauen wir unseren Augen kaum. Als hätte er auf uns gewartet, läuft keine fünfzig Meter entfernt ein Fuchs mit stattlichem rostroten Pelz und buschigem Schweif über die Straße in den Park und verschwindet zwischen den Büschen.

Wir wissen, dass die Artenvielfalt in Berlin mit seinen Brachflächen nach der Wiedervereinigung groß sein soll. Mehr Brutvogelarten als im Nationalpark Eifel gibt es hier. Doch Vögel in der Stadt sind uns vertraut, während Füchse, Waschbären oder Wildschweine ein Anblick sind, bei dem wir zuerst an Wald und Feld denken. Ich finde es schön, den Fuchs hier zu sehen. Er heißt uns willkommen in der Wildnis der Großstadt.

Auf seinen Spuren betreten wir den Park und schon bald schluckt das dichte Blattwerk den Lärm. Obwohl Oktober, sind die Bäume noch voller Laub. Dunkles Grün, durchsetzt mit ersten gelben und rotgoldenen Blättern, lässt den Herbst ahnen. Eichhörnchen springen leichtfüßig von einem zum anderen Zweig. Krähen schauen unbeteiligt zu, während zwei Hunde angespannt in die Höhe starren. Sie würden sicher gerne jagen, doch hier ist Leinenzwang. Der Park ist voller Leben. Viele Menschen nutzen das milde Herbstwetter. Eltern mit Kindern sammeln Kastanien vom Weg. Auf einer Bank sitzen ältere Damen und reden miteinander. Hundebesitzer werfen für ihre

Vierbeiner Stöcke auf einer großen Wiese, die sich in der Mitte des Parks erstreckt.

Wir laufen eine Böschung hinunter, überqueren die Wiese und halten dabei Ausschau nach einem Platz, der uns für die Nacht passend erscheint.

Schön, dass der Park sauber aussieht. Nirgends liegen Dosen, Unrat oder gar Spritzen herum, die auf eine Drogenszene schließen lassen. Meine größte Sorge ist es, dass wir ungewollt ins Terrain anderer Gruppen geraten, die ihre Nacht ebenfalls und sicher nicht so freiwillig wie wir im Freien verbringen. Ich möchte weder als vermeintlich dauerhaft Obdachloser von der Polizei kontrolliert noch auf Stoff angesprochen werden. Wir sind nicht hier, um eine Sozialstudie zu betreiben.

Wir wollen ausprobieren, ob eine Draußen-Nacht unter freiem Himmel auch mitten in Berlin möglich ist.

Der Humboldthain scheint eine kleine grüne Insel im Meer der Häuser zu sein. Auf diese Insel werden wir uns zurückziehen. Wenigstens der erdige Duft und das Rauschen des Windes in den Blättern der Bäume kommen uns vertraut vor. Doch ich bin angespannt. Der Park ist von asphaltierten Wegen durchzogen. Alles ist geregelt – das Ballspielen, das Liegen auf Grünflächen ebenso wie das Aufsammeln von Hundekot. Geordnet, vielleicht sollte ich treffender sagen: verordnet. Wildes Wachsen, eigenständiges Erkunden, das ist nicht vorgesehen. Zu viele Menschen und Tiere müssen sich das wenige Grün teilen.

Schmale Kiespfade, garniert mit Sitzbänken, zerteilen die große Fläche des Parks in kleine, überschaubare Fleckchen. Der Platz, den wir suchen, soll eben, mit Gras bewachsen und vom Weg aus nicht sofort zu sehen sein. Als ob wir uns verstecken müssten! Wir haben ja nichts Verdächtiges vor. Ob es verboten ist, unter freiem Himmel zu schlafen? Wir beschließen, nicht zu fragen und keine Spuren zu hinterlassen.

Als wir einen kleinen Hügel hinauflaufen, begegnet uns ein junger Mann mit einem kleinen Rucksack. Ob der auch hier nächtigt? Und was ist mit der Gruppe sich laut unterhaltender Männer, deren Sprache wir nicht verstehen? Olaf beruhigt mich: „Die haben einen Grill angeworfen und haben noch eine Weile ihren Spaß. In der Nacht sind sie sicher weg." Ich will ihm gerne glauben.

Von hier aus wirkt der Park überschaubar. Wir sehen die Häuserblöcke, die am äußeren Rand das Grün begrenzen. Nördlich des Parks münden Schienen zu einem Knotenpunkt. Die anfahrenden Züge, aber auch das Quietschen von Bremsen ist zu hören.

Ein älterer Herr sitzt auf einer Bank ganz in der Nähe. Als wir gehen wollen, spricht er uns an. Ob wir wüssten, dass dies ein Trümmerberg ist, fragt er. Errichtet aus einer Million Kubikmeter Schutt, fügt er noch hinzu. Heute wächst Gras darüber und im Sommer blühen Rosenbüsche. Manche Wunden heilt die Natur mit den Jahren, andere bleiben offen.

Während die Sonne den Horizont in taubenblaues Violett färbt, suchen wir mit den Augen die Ränder der großen Wiese ab. An einer Stelle, wo die Büsche dicht stehen und einige kleinere Laubbäume etwas Sichtschutz geben, finden wir eine Ecke, die sich für unser Lager eignet.

Wir bleiben eine Weile dort, laufen den Boden prüfend ab. Schauen uns um, achten auf den Stand der Sonne, um zu sehen, wo sie am Morgen aufgehen wird. Aus der Ferne dringt gedämpft, aber stetig der Lärm von Autos, Bahnen und Baumaschinen. Er begleitet einer Hintergrundmusik gleich das Solo der Vögel, die ihr Abendkonzert anstimmen.

Die Dämmerung setzt ein, als wir den Park verlassen.

Ich bin deutlich entspannter als noch vor einer Stunde. Nachdem ich eine Vorstellung habe von dem Platz, an dem wir unsere

Matten ausrollen werden, kann ich mich auf die Nacht im Park einlassen. Ja, ich freue mich sogar tief im Herzen auf ein ungewöhnliches Abenteuer.

Eine halbe Stunde später betreten wir eine ganz andere Welt. Lichtgeflutet, hell und stilvoll eingerichtet ist der Vortragssaal im „Meeet", einem innovativen Zentrum für Bürogemeinschaften, Freiberufler und Veranstaltungen aller Art. Das Stimmengewirr vieler Menschen schlägt uns entgegen. Ein dezenter Duft von Parfüm liegt in der Luft. Wir mischen uns unter die Leute, treffen Bekannte und haben gute Gespräche. Als die Veranstaltung beginnt, sind wir präsent. Der Humboldtpark ist weit weg. Keinen von uns kümmern die aufziehenden Wolken, die sich allmählich über die pulsierende Stadt schieben und den Mond verdunkeln. Ob es regnet, bewölkt ist oder die Sterne leuchten, es scheint unbedeutend zu sein, solange ich nicht darauf angewiesen bin. Auch das ist natürlich. Spannend sind die Grenzen, da, wo sich die Welten begegnen. Dort geschieht Neues, dort weiten wir unsere Erfahrungen.

Spät am Abend stehen wir, noch in Gespräche vertieft, Fingerfood in der Hand, am Büffet. Heute zählen wir zu den Letzten. Das fällt auf. Auf die Frage, ob wir denn nicht mehr heimfahren, antworten wir ganz entspannt, dass wir Zeit haben. Wir bleiben über Nacht in der Stadt. Der Rest bleibt unser Geheimnis.

Es geht schon auf Mitternacht zu, als wir zurück zum Auto kommen. Sakko und Blazer werfen wir auf die Rücksitze. Die Straße ist menschenleer. Kein Problem, sich im Schatten der Hecke rasch umzuziehen. Jeans und Pulli, die Trailschuhe – fertig. Unsere Rucksäcke sind leicht gepackt. Wir haben ja keine Expedition vor.

Vielleicht wird es heute Nacht regnen. Olaf packt deshalb zur Sicherheit noch unser Tarp ein, eine wasserdichte, dunkelgrüne

Plane, die wir uns über die Schlafsäcke legen können. Wir schließen das Auto ab. Es kommt mir wie unsere Basisstation vor. Eine Rettungskapsel, die uns aufnimmt, sollte uns Regen durchweichen oder es einen anderen Grund geben, das Lager vorzeitig abzubrechen.

Ich habe wieder einmal heftiges Kopfkino, während wir mit großen Schritten der Straße in Richtung Parkeingang folgen. Meine Fantasie gaukelt mir Bilder vor, von grölenden Betrunkenen, die uns den Schlaf rauben, von jugendlichen Banden, die uns naiven Naturliebhabern abnehmen, was sie brauchen können, von Obdachlosen, die uns nicht in ihrem Kiez dulden wollen. Stopp!

Innere Bilder sind noch lange keine Wirklichkeit. Ich muss aufpassen, welche Gedanken in mir aufsteigen und welche davon mir guttun. Schon erstaunlich, was die Fantasie für Emotionen auslöst. Ganz bewusst schaue ich noch einmal an den Himmel, suche Sterne, will an anderes, an Schöneres denken.

Vor einem Monat habe ich am Feuer im Schwarzwald gesessen und das Draußensein genossen. Es ist der gleiche Himmel, der sich über uns wölbt, auch wenn wir heute keine Sternbilder sehen können. Ich weiß, dass die Sterne ihren Lauf nehmen und dass uns der Mond den Weg leuchten wird.

Es ist ein komisches Gefühl, die nächtliche, erleuchtete Straße zu verlassen, um dann abzubiegen in den Park, der dunkel und unheimlich anmutet. Uns ist bewusst, dass wir aus dem Gesträuch heraus gut sichtbar sind, während unsere Augen sich erst anpassen müssen. Fast blind, nur angewiesen auf unser Gehör, laufen wir merklich langsamer. Ich fühle mich wieder einmal mehr schutzlos und der Situation ausgeliefert. Überlege kurz erneut, ob das unklug, unvorsichtig, unüberlegt ist, was wir hier machen. Ich greife nach Olafs Hand, spüre seine Ruhe und lasse mich gerne davon anstecken. Zum Glück teilt er meine Befürchtungen nicht. Wir folgen dem Kiesweg. Dann schluckt uns das Dunkel. Als wir an eine Wegkreuzung kommen, die man gerade so erahnen kann, bleiben wir erstmals stehen. Die Augen haben sich an das Zwielicht gewöhnt. Wir können die Konturen der Büsche und Bäume wahrnehmen. Wenn wir uns links halten, werden wir die große Grünfläche erreichen. Langsam gehen wir weiter. Es ist nahezu windstill. Von fern schallten ein Martinshorn und das Quietschen der in den Bahnhof einfahrenden S-Bahnen herüber. Sonst ist es still. So still eine Stadt eben sein kann.

Als wir die Wiese betreten und den am Nachmittag in Augenschein genommenen Platz aufsuchen, merken wir, dass wir das Mondlicht unterschätzt haben. In wenigen Tagen ist Vollmond. Gerade jetzt sind die Wolken etwas aufgerissen und silbriges Licht ergießt sich über die Wiese. Wenn wir unser Lager an dieser Stelle aufschlagen, heben wir uns deutlich vom dunklen Gleichmaß der dahinterliegenden Büsche ab. Wie eine Gruppe Hirsche, deren Konturen man auf einer ebenen Wiese schon von Weitem sieht.

Doch wir wollen nicht gesehen werden.

Nicht in der Nacht und vor allem nicht in den frühen Morgenstunden, wenn erste Menschen ihre Hunde ausführen oder selbst zur Arbeit gehen.

Olaf zieht nun doch die Stirnlampe aus seiner Jackentasche, setzt den Rucksack ab und erkundet das hinter uns liegende Gebüsch. Ich warte, habe alle Sinne aktiviert, um wahrzunehmen, was uns umgibt. Es riecht nach Laub und Erde. Und ... meine ich das nur – oder riecht es nach Regen? Ab und an kommt ein leichter Wind auf und bewegt die Blätter an den Ästen, als wollte er prüfen, wann er sie pflücken kann.

Das Jahr hat seine warmen Tage und hellen Nächte längst hinter sich. Die Sonne wird morgen früh erst gegen halb acht aufgehen. Bis dahin können wir im Schutz der Nacht ruhen.

Trockene Zweige brechen. Es knackt und raschelt in der Nähe. Ein Lichtstrahl leuchtet kurz zwischen den Stämmen und Büschen auf, huscht von links nach rechts und erlischt gleich darauf. Ich weiß, es sind Olafs Geräusche, und warte ab.

Inzwischen habe ich mich etwas an die Umgebung gewöhnt. Der Park scheint menschenleer zu sein. Meine Befürchtungen waren wohl grundlos. Dennoch bleibt das Gefühl, etwas Verbotenes zu tun, und ich habe das Bedürfnis, dabei nicht gesehen zu werden. Als Olaf wiederkommt, führt er mich zwischen den Büschen hindurch zu einer kleinen Fläche, die er ausgekundschaftet hat. Hier ist es merklich dunkler. Wir hoffen weit genug vom Weg entfernt zu sein, sodass die Hunde am Morgen nicht schnüffelnd am Schlafsack stehen oder das Bein in unserer Nähe heben.

Die Plane ist mit wenigen Griffen ausgebreitet, die Matten darauf ausgerollt. Der Einfachheit halber lassen wir heute Jeans und Pulli an. Nur die Jacken verschwinden im Rucksack, der am Kopfende liegt. Die Schuhe verstaue ich unter dem Tarp, was wir am Fußende bereitlegen. Der Regen soll uns nicht unvorbereitet überraschen.

Als wir schließlich unter dem wolkenverhangenen Himmel nebeneinanderliegen, hören wir von fern die Glocken läuten. Es muss Mitternacht sein. Vor einer Stunde waren wir noch in Gespräche vertieft beim Stehempfang. Ich versuche, innerlich ruhiger zu werden, Abstand zu den Erlebnissen des Tages zu gewinnen, und will mich mit unserem Schlafplatz anfreunden.

Die entfernten Geräusche der Millionenstadt gleichen einem Meer, das auf- und abschwillt und unsere grüne Insel umspült. Im Gesträuch knackt es plötzlich. Sofort bin ich wieder hellwach. Olaf spürt es, murmelt beruhigend: „Entspann dich. Irgendein Igel oder Mäuse. Mach dir keine Sorgen. Ich passe auf uns auf." Kurze Zeit später höre ich ihn neben mir schnarchen. Von wegen aufpassen!

Beneidenswert, wenn sich jemand in der Natur so frei fühlt, dass er selbst in dieser Situation binnen weniger Minuten schlafen kann. Ich kann es nicht, drehe mich noch lange von rechts nach links, lausche in die Nacht und wünsche mir, ich könnte mehr loslassen. Als wir im Moritzburger Wald, am Strand oder auch im Schwarzwald schliefen, habe ich mich viel freier gefühlt. Angst hatte ich natürlich auch dort. Man kommt nicht raus aus seiner Haut, aber es war kein Vergleich mit heute.

Inmitten der Stadt ist es anders. Kultiviert, geordnet und von Menschen gemacht. Es fehlen die Weite und die Geborgenheit der Natur draußen in den Wäldern.

Nie hätte ich gedacht, dass es gerade die Wildnis, das Unzähmbare, das andere ist, was mir beim Übernachten unter freiem Himmel guttut. Ich habe tatsächlich mehr Furcht vor der Unberechenbarkeit von Menschen als vor Tieren. Regentropfen unterbrechen das Kreisen der Gedanken.

Leichte, feine Tropfen fallen mir ins Gesicht. Auch Olaf ist davon aufgewacht. „Alles klar?", fragt er leise in meine Richtung und ich murmle ein „Hmm". Dann zieht er uns die bereitliegende Plane über die Schlafsäcke, sodass nur noch die Gesichter herausschauen. Er nimmt seinen breitkrempigen Hut, zieht ihn übers Gesicht und erinnert mich an Cowboys, die sich lässig dort betten, wo ihre Pferde grasen. Zwar grast hier kein Mustang, aber es ist die Weide, die wir uns für diese Nacht ausgesucht haben. Ich ziehe die Kapuze über den Kopf. Der Regen ist so fein, dass er mich nicht stört, sofern er nicht stärker wird. Gleichförmig tropft er auf die Blätter, übertönt damit andere Geräusche, lullt ein und lässt endlich auch mich für einige Stunden schlafen.

Irgendetwas weckt uns abrupt. Es ist ein unnatürliches Geräusch. Lautes Dröhnen und das Geräusch brechenden

Holzes. Blinzelnd öffne ich die Augen, bin aber schlagartig wach. Grellorange blinken Warnleuchten ganz in unserer Nähe. Was ist das?

Sucht jemand nach uns? Ist es ein Krankenwagen? Die Polizei? Gut, dass wir nicht auf der Wiese geblieben sind. Zwischen den Zweigen erkennen wir, dass die Einsatzkräfte keine Notfalltruppe, sondern Mitarbeiter des Gartenbauamtes sind. Sie schneiden Bäume aus, fällen einzelne Stämme, und das gerade mal einhundert Meter entfernt. Wir müssen doch ziemlich tief geschlafen haben.

Im dämmrig grauen Licht schaue ich auf die Uhr. Es ist kurz vor sieben Uhr. Nichts wie weg hier. Raus aus dem Schlafsack, rein in die Schuhe. Jacke aus dem Rucksack, Schlafsack und Isomatte stopfen wir hastig hinein. Die Plane wird zu einem kleinen Bündel gerollt, was obendrauf passt. Hut auf und los!

Wir arbeiten uns durch die Büsche nach hinten weg und atmen auf, als wir den asphaltierten Hauptweg betreten. Niemand sieht uns aus dem Gesträuch kommen. Wir könnten auch vom S-Bahnhof her kommend den Park durchqueren. Keiner ahnt, dass wir heute Nacht hier unser Biwak hatten.

Mit jedem Schritt kommen mehr Übermut und Freude über das ungewöhnliche Abenteuer auf. Es ist geschafft, auch mitten in Berlin lässt es sich unter freiem Himmel schlafen. Wenngleich ich keinen Wert auf baldige Wiederholung lege, die Erfahrung möchte ich nicht missen. Als Stadtbewohner würde ich den Balkon, Garten oder einen Dachgarten bevorzugen, um unter Sternen zu schlafen. Doch das Erlebte war für uns das Risiko wert.

Im Wagen haben wir eine Flasche Wasser zum Zähneputzen deponiert. Es reicht darüber hinaus für eine Katzenwäsche am Straßenrand. Wir sind bereit für den neuen Tag!

Als wir mit dem Auto auf die Hauptstraße einbiegen, fließt nur spärlicher Verkehr. Mit Leichtigkeit finden wir wenig später einen Parkplatz in der Stadtmitte. Die Rucksäcke lassen wir im Auto, schlendern dann Hand in Hand die Straße Unter den Linden entlang und stehen vor der Humboldt-Universität zu Berlin.

Für diesen Ort der Bildung schlug das Herz der Brüder Humboldt. Während Wilhelm die Universität vor reichlich zweihundert Jahren mit begründete, hielt Alexander von Humboldt 1827 hier seine berühmten Kosmos-Vorlesungen. Er muss eine Gabe besessen haben, wissenschaftliche Theorien in einer verständlichen Sprache zu vermitteln und seine eigenen Erfahrungen als Forschungsreisender so lebendig zu schildern, dass die Menschen ihm voller Interesse lauschten.

Damit ist er uns ein echtes Vorbild. Humboldt soll gesagt haben, die gefährlichste Weltanschauung sei die Weltanschauung der Leute, die die Welt nicht angeschaut haben. Immer wieder betonte er, Natur muss erlebt und gefühlt werden. Heute können wir unmittelbar verstehen, was er damit gemeint hat.

An diesem trüben Oktobermorgen beschließen wir, es wie Humboldt zu machen. Wir wollen nach den Erfahrungen dieser Nacht aufschreiben, wie wir die Natur erlebt haben.

Wir treten in ein Caféhaus ein. Es duftet nach frisch gemahlenen Kaffeebohnen und Croissants. Wir sind die ersten Gäste des Tages. An einem kleinen Tisch am Fenster nehmen wir Platz und lassen die Erlebnisse, Befürchtungen, aber auch die Dankbarkeit für diese ungewöhnliche Nacht in uns aufsteigen.

Ich ziehe mein schwarzes Notizbuch aus der Tasche, greife nach dem Füller, schlage eine neue Seite auf und schreibe mit großen, geschwungenen Buchstaben eines unserer liebsten Zitate Wilhelm von Humboldts auf das blütenweiße Blatt: „Es ist unglaublich, wie viel Kraft die Seele dem Körper zu geben vermag."

Entdecker

Wir müssen nicht ferne Kontinente erobern.
Das Glück liegt direkt vor der Haustür.
Und es lässt sich finden.

NOVEMBER **Weinberg mit Aussicht**

Das durchdringende Pfeifen fährt durch Mark und Bein. Metallisch klirrt Stahl auf Stahl, als die Kupplungen ineinandergreifen. Dicke Rauchschwaden steigen in den Himmel. Es riecht nach Kohle, Schmieröl und längst vergangenen Zeiten, als sich das tonnenschwere Dampfross in Bewegung setzt. Wir stehen auf dem Perron, der schmalen Plattform des Waggons, und halten uns sicherheitshalber am eisernen Handlauf fest, während die Lok umgespannt wird und mit einem spürbaren Ruck die Wagen andockt. Jetzt kann es losgehen!

Erstmals starten wir unser monatliches Draußen-Abenteuer mit einer Zugfahrt. Lössnitzdackel nennen die Einheimischen die historische Dampfeisenbahn, die an unserem Haus vorbei von Moritzburg hinunter ins Elbtal nach Radebeul fährt. Schon 1884 wurde diese Strecke befahren. Als wir die knarrende Schiebetür in den Waggon öffnen und unsere Rucksäcke auf die Holzbank legen, haben wir das Gefühl, eine Zeitreise anzutreten.

Es kommt mir ganz unwirklich vor, an einem Mittwochabend nach der Arbeit aufzubrechen, um die Nacht unter freiem Himmel zu schlafen. Eher fühlt es sich an, als würden wir mit gepacktem Rucksack in die Ferien fahren. Entsprechend erstaunt haben uns Bekannte gefragt, wohin wir denn an diesem Abend aufbrechen. Sie sind auf den Bahnsteig gekommen, um mit ihrem dreijährigen Sohn die eindrucksvolle schwarze Lokomotive zu bewundern, die so ohrenbetäubend fauchen und pfeifen kann.

Wohin wir aufbrechen? Darauf gibt es mehrere Antworten: in eine stürmische Novembernacht, in die Weinberge von Radebeul, in eine 15-stündige Auszeit, in ein Abenteuer, was man an einem gewöhnlichen Wochentag nach der Arbeit erleben kann.

Die Glocken läuten. Es ist 18 Uhr. Auf die Minute genau hören wir den Schaffner kurz und nachdrücklich pfeifen. Es ist das Signal, auf das der Lokführer gewartet hat. Dampfend und schnaufend setzt sich die Lokomotive in Bewegung, erst langsam, dann schneller werdend heben und senken sich die Kolben. Die Wagen rucken, es quietscht und knarrt. Der Zug nimmt stampfend Fahrt auf.

Wir sind die einzigen Fahrgäste in diesem Wagen. Ich wische die beschlagene Fensterscheibe frei, sehe weiße Rauchschwaden am Fenster vorbeiwehen und winke dem kleinen Jungen und seinen Eltern auf dem Bahnsteig zu. Mit dem Dampfross verlassen wir den Ort. Wiesen und Felder, die wir bestens kennen, ziehen schemenhaft in der Dunkelheit vorbei.

Kurze Zeit später ein Halt im Luftkurort Friedewald und dann schlängelt sich der Zug hinunter in den Lössnitzgrund. Alte Buchen mit ausladenden Ästen und Weidenbüsche säumen die Schienenstrecke. Direkt daneben folgt der Bach seinem Lauf. Wie helle Augen, die uns im Dunkel des Abends freundlich zu grüßen scheinen, wirken die erleuchteten Fenster der wenigen Häuser.

Nach einer knappen halben Stunde erreichen wir Radebeul und den Haltepunkt „Weißes Ross". Als wir die letzten Meter bereits draußen auf der schmalen Plattform stehen, weht uns kühle Abendluft gepaart mit dem Duft nach verbrannter Kohle um die Nase. Links am Hang erkennen wir die Spitzhaustreppe. Lampen führen dort in einem hellen Streifen geradewegs in den schwarzen Himmel hoch über den Häusern der Stadt.

Von Weitem sieht es wie eine Himmelsleiter aus, die durch den dunklen Weinberg führt. Ungefähr dort, wo das letzte Licht der Treppe den Horizont berührt, werden wir unser Nachtlager bereiten.

Bremsen kreischen und quietschen. Mit einem Ruck kommt der Zug schließlich zum Stehen. Als einzige Fahrgäste verlassen wir das nostalgische Gefährt und wenden uns den Weinbergen zu.

Durch spärlich beleuchtete, schmale Sträßchen geht es immer bergauf. Doch wir gehen nicht geradewegs zur Spitzhaustreppe. Wir biegen rechts ab und laufen einen Umweg. Vor einem weißen Haus mit blauen Fensterläden und spitzem Türmchen auf dem Dach bleiben wir stehen. Es ist eines der Weingüter, die am Elbhang liegen. Aus dem Schornstein steigen kräuselnde Rauchwolken in die kühle Nacht und hinter den Fensterscheiben schimmert Licht. Ein gutes Zeichen.

Als wir den Gastraum betreten und die Rucksäcke in die Ecke stellen, empfängt uns der junge Winzer persönlich. Kerzen auf rustikalen Holztischen tauchen den Raum in ein warmes Licht. Aus der offenen Küche dringt verlockender Duft nach frisch Gebratenem und nach Kräutersud. Ich freue mich auf ein gutes Essen, denn mit Kälte, Dunkelheit und wenig Schlafkomfort komme ich deutlich besser klar, wenn ich satt und zufrieden bin.

„Mit Hang zur Lebensfreude", steht auf der Speisekarte. Was für ein passendes Motto für das Weingut und für unseren Abend. Wir stoßen mit fruchtigem Weißwein an, während uns die nette Bedienung mit frisch gebackenem Brot und Kräuterdip versorgt.

Lebensfreude, genau das ist es, was wir jetzt spüren. Freude über die Zeit, die wir miteinander verbringen, Freude über das schöne Ambiente, das uns umgibt, und das gute Essen, was wir genießen werden. Freude über den Mut aufzubrechen und

Freude über das Da-Sein an sich. Wir sind einfach füreinander da. Was gestern war oder morgen sein wird, ist in diesem Augenblick unwichtig. Wir lachen und reden, eine kostbare Stunde ist angebrochen, als würden wir uns zum ersten Mal treffen. Erst als das Essen serviert wird, wird es still. Wir schmecken mit allen Sinnen. Köstlich zartes Filet vom gebratenen Fisch und delikat bereiteter Kartoffelstampf zergehen förmlich auf der Zunge. Der Fisch stammt aus Teichen, an denen wir eben erst mit dem Zug vorbeigefahren sind. Der Wein kommt vom Hang hinter dem Haus und die würzigen Kräuter stammen aus dem Hofgut. Ein Genuss! Den Espresso lehnen wir entgegen aller Gewohnheit lieber ab. Keiner von uns will in dieser Nacht länger als nötig munter sein. Wir hoffen auf tiefen Schlaf. So tief es eben eine Draußen-Nacht zulässt.

Es geht auf 22 Uhr zu, als wir aufbrechen. Zugegeben, es fällt etwas schwer und es ist ungewohnt, jetzt die Rucksäcke zu schultern. Entsprechend neugierig ist das ältere Ehepaar, was am Nebentisch sitzt. Wo wir denn noch hinwollen, fragen sie. Mit etwas Schalk sagen wir: „In den Weinberg hinter dem Haus"! und ernten fragende Blicke.

Als wir aus dem gastlichen Haus treten, gilt der erste Blick dem Himmel. Sterne sind nur ganz wenige zu sehen. Dicke, graue Wolkenschleier jagen über uns hinweg. Der Wind hat merklich aufgefrischt. Hoffentlich finden wir einen Platz, der nicht so exponiert ist. Vielleicht gibt uns eine der alten Mauern im Weinberg Windschatten. Das wird sich zeigen.

Beherzt wenden wir uns den Lichtern der Treppe zu, die in der Ferne leuchten. Sie geben uns Orientierung. Kurze Zeit darauf stehen wir am Fuß der 390 Stufen. Knappe einhundert Höhenmeter müssen wir bewältigen. Zu später Stunde, den Rucksack auf dem Rücken, das gute Essen im Bauch, ist dies kein leichtes Unterfangen.

Stufen

Wie jede Blüte welkt und jede Jugend
Dem Alter weicht, blüht jede Lebensstufe,
Blüht jede Weisheit auch und jede Tugend
Zu ihrer Zeit und darf nicht ewig dauern.
Es muß das Herz bei jedem Lebensrufe
Bereit zum Abschied sein und Neubeginne,
Um sich in Tapferkeit und ohne Trauern
In andre, neue Bindungen zu geben.
Und jedem Anfang wohnt ein Zauber inne,
Der uns beschützt und der uns hilft, zu leben.

Wir sollen heiter Raum um Raum durchschreiten,
An keinem wie an einer Heimat hängen,
Der Weltgeist will nicht fesseln uns und engen,
Er will uns Stuf' um Stufe heben, weiten.
Kaum sind wir heimisch einem Lebenskreise
Und traulich eingewohnt, so droht Erschlaffen,
Nur wer bereit zu Aufbruch ist und Reise,
Mag lähmender Gewöhnung sich entraffen.

Es wird vielleicht auch noch die Todesstunde
Uns neuen Räumen jung entgegen senden,
Des Lebens Ruf an uns wird niemals enden ...
Wohlan denn, Herz, nimm Abschied und gesunde!

Hermann Hesse

Nach den ersten Stufen gibt es einen Absatz, der speziell markiert ist. Von hier aus sind es noch genau 365 Stufen bis ganz oben. Eine Stufe für jeden Tag des Jahres. Das verlockt dazu, sich zu erinnern – an besondere Jahrestage, Geburtstage oder Ereignisse, die uns etwas bedeuten.

Wir denken auch an die zurückliegenden zehn Nächte, die wir im Freien erlebt haben. Die monatlichen Abenteuer haben Farbe in unseren Alltag gebracht. Allein die Vorbereitung, die Frage, wo wir übernachten wollen, dann das Packen und schließlich der Aufbruch haben uns gehörig gefordert. Auf der 29. Stufe bleibe ich kurz stehen und denke zurück an die ebenso windige Nacht im Januar.

Was war ich aufgeregt und nervös. Heute weiß ich, der Schlafsack hält mich warm und meine Isomatte bietet mir überall eine gute Unterlage, sofern der Boden eben und ohne Wurzeln oder große Steine ist. Wir steigen weiter Stufe für Stufe. Hesse kommt mir in den Sinn mit seinem Gedicht „Stufen": „Und jedem Anfang wohnt ein Zauber inne, der uns beschützt und der uns hilft, zu leben."

Es waren eine Menge Anfänge und Erfahrungen, die wir gewagt und gesammelt haben.

Wir denken an die Pfadfinder und deren Waldwissen, das Baumhaus als Bleibe nach der Party und die guten Gespräche am Morgen danach. Wir waren im Wald vor unserer Haustür und im Regenwald am anderen Ende der Welt – beides fühlte sich aufregend an. Alexander von Humboldt hat uns inspiriert, genauso wie Alastair Humphreys, der englische Abenteurer. Wir haben uns gewundert über Tierspuren, nächtliche Geräusche und die Faszination, die der Wald auf Menschen hat. Wie gerne denken wir an die eindrückliche Nacht im Schwarzwald mit unseren Kindern und dem Enkelkind zurück.

Das Rausgehen hat uns vor allem als Paar einander auf neue Weise näher gebracht. Wir haben uns intensiver und ungeschützter als sonst erlebt, besorgt und frierend, euphorisch und beglückt, staunend und voller Dankbarkeit.

Jedes dieser Nachtlager ist uns ein wenig zur Heimat geworden und zugleich haben wir nirgends Wurzeln geschlagen. Es geht stets weiter. Jede dieser Nächte hatte einen ganz besonderen Zauber für uns. Doch dieser lässt sich weder erzwingen noch festhalten. Ich finde, Hesse trifft es auf den Punkt. Er nennt es ein heiteres Durchschreiten von Räumen und Zeiten.

Als wir die Mitte der Treppe erreicht haben, sind die Jacken aufgeknöpft. Wir atmen heftig. Das stetige Steigen strengt an! Ich brauche eine kurze Rast. Auf einem Absatz bleiben wir stehen und schauen zurück auf das Lichtermeer zu unseren Füßen, von dem wir uns mit jeder Stufe mehr entfernen. Von fern dringen das Geräusch der Straßenbahn, ein einsames Martinshorn und das Rauschen der Autobahn zu uns. Wir sehen einen ICE, der wie ein helles Band die Stadt durchquert. Es kommt uns vor, als würden wir Stufe für Stufe der lauten, lärmenden Welt entkommen. Vielleicht stimmt das sogar. Mit jedem unserer kleinen Abenteuer gibt es mehr inneren Abstand zu dem, was uns im Alltag beschäftigt. Es gibt auch mehr Staunen und Lachen, mehr Stille und inneren Frieden. Ich kann besser als früher aushalten, dass die Welt ist, wie sie ist, und sehe darüber hinaus neue Spielräume, die ich frei gestalten kann. Das Leben ist vielfältiger geworden. Wir hätten nicht gedacht, dass dies so einfach zu haben ist. „Des Lebens Ruf an uns wird niemals enden ..."

Ich habe das Gefühl, wir haben diesem Ruf in den letzten Monaten besonders viel Beachtung geschenkt. Sehr zufrieden darüber wende ich mich den letzten Stufen zu und steige Olaf hinterher, der schon vorausgegangen ist.

Endlich ganz oben angekommen. Der Ausblick ist grandios.

Wie Glühwürmchen sehen Abertausende von Lichtern aus, die sich aneinanderreihen und Straßenzüge erkennen lassen.

In etwas Entfernung ballen sie sich zu einem einzigen großen Teppich aus Licht. Dort liegt die pulsierende, helle Innenstadt. Die still ruhende, dunkle Naturwelt mit Feldern, Seen und dem großen Waldgebiet haben wir im Rücken. Dazwischen in steiler Lage die Weinberge.

Zwischen den Weinstöcken lässt es sich doch nicht so ideal lagern. Die Terrassen sind zu steil und eng aneinandergebaut. Also wenden wir uns nach links, folgen der Mauer, die eine Weide vom Weinberg trennt, und schauen uns erneut suchend um.

Direkt an der Mauerkante bläst ein starker Wind. Er kommt aus dem Flusstal, fegt die steilen Hänge empor und verliert sich über dem Hochplateau. Wir werden etwas weiter vom Elbtrauf entfernt lagern müssen, wollen wir dem Wind ausweichen.

Olaf erkundet die Umgebung, während ich mich neben die Rucksäcke auf eine niedrige Mauer setze.

Eine Weile höre ich noch die Schrittgeräusche von Olafs derben Wanderschuhen, dann dringt lediglich das weit entfernte Rauschen der Stadt an mein Ohr. Leise und lärmend zugleich.

Stille und Stadt scheinen sich auszuschließen. Im Alltag bemerke ich das nicht.

Erst wenn ich wie jetzt anhalte, selbst ganz ruhig werde, dann spüre ich den Unterschied zwischen dem Puls der Natur und dem Pulsieren der Stadt. Ich mag beides. Vor allem aber mag ich diesen Wechsel von einer in die andere Welt.

Und dass ich hier so gelassen sitzen kann, voller Zuversicht, dass wir sicher einen guten Schlafplatz finden werden, empfinde ich als inneren Reichtum. Dieser ist nicht plötzlich über mich gekommen, er ist unmerklich in mir gewachsen, hat sich angesammelt durch viele kleine und gute Erfahrungen.

Sternenkunde für Genießer

Ein Stern* – eine Küche voller Finesse – einen Stopp wert!

Zwei Sterne** – eine Spitzenküche – einen Umweg wert!

Drei Sterne*** – eine einzigartige Küche – eine Reise wert!

Guide Michelin, Restaurant- und Hotelführer

Ein Stern* – ein Wortwechsel voller Feinheit und Scharfsinn – einen Stopp wert!

Zwei Sterne** – ein Austausch voller Aufrichtigkeit und Nähe – einen Umweg wert!

Drei Sterne*** – ein Gespräch voller Offenheit und Versöhnung – eine Reise wert!

Lebenserfahrung

Stille

Es gibt sie noch, abseits der Wege.
Kein Laut. Nur das leise Säuseln des Windes.
Dem eigenen Atem lauschen.
Achtsam. Dankbar.
Und zu wissen, ich brauche mich für den Moment
einmal nicht zu mühen.
Ich darf einfach sein.

Als Olaf zurückkommt, schultern wir nochmals die Rucksäcke. Ich folge ihm, ohne zu fragen. Wir gehen langsam in der Dunkelheit, gleichen die Unebenheiten des Weges aus, indem wir die Schritte bewusst setzen. So gelangen wir zu einem Wiesenstück, etwas geschützt hinter einer Mauer aus groben Steinen. Mit der Taschenlampe leuchten wir den Boden ab, bevor wir die Plane auslegen. Gut so, denn wir sind zu dicht an dornigen Büschen mit vertrockneten Hagebutten. Die Spitzen können unseren aufblasbaren Matten schaden. Also vergrößern wir den Abstand zu den Büschen und legen uns so, dass wir sitzend gerade noch das Elbtal überblicken können, im Liegen jedoch durch die Mauer geschützt dem Wind keine Angriffsfläche bieten und dadurch besser schlafen werden.

Den Wind habe ich inzwischen zu beachten gelernt. Er raubt mir ganz schnell Wärme und die Freude am Draußensein.

Das Lager ist mit wenigen Handgriffen gerichtet. Sehr zufrieden mit dem bisherigen Abend liegen wir, jeder warm eingepackt in seinem Schlafsack, die Mütze über den Ohren, den Blick zum Himmel gerichtet. Dieses Mal beobachten wir keine Sternschnuppen, sondern die blinkenden Lichter der Flugzeuge, die am Großen Wagen und der schmalen Mondsichel vorbei ihre Bahnen in weite Ferne ziehen.

Immer wieder rütteln und zerren Windböen an unseren Schlafsäcken. Sollen sie! Uns kann das nicht schrecken. Wir ziehen die Kapuzen tiefer und drehen uns mit dem Rücken in den Wind.

Ich werde munter von einem warmen, satten, tiefen Klang, der uns aus dem Schlaf holt. Es dauert eine Weile, bis ich begreife, wo ich bin und was ich da höre. Es sind Glocken, die den Morgen einläuten. Doch es sind nicht die Glocken einer einzigen Kirche.Das ganze Tal scheint voller Klang zu sein. Aus mehreren Stadtteilen steigen die Töne empor, durchziehen die Weinberge und verlieren sich schließlich über dem weiten Feld.

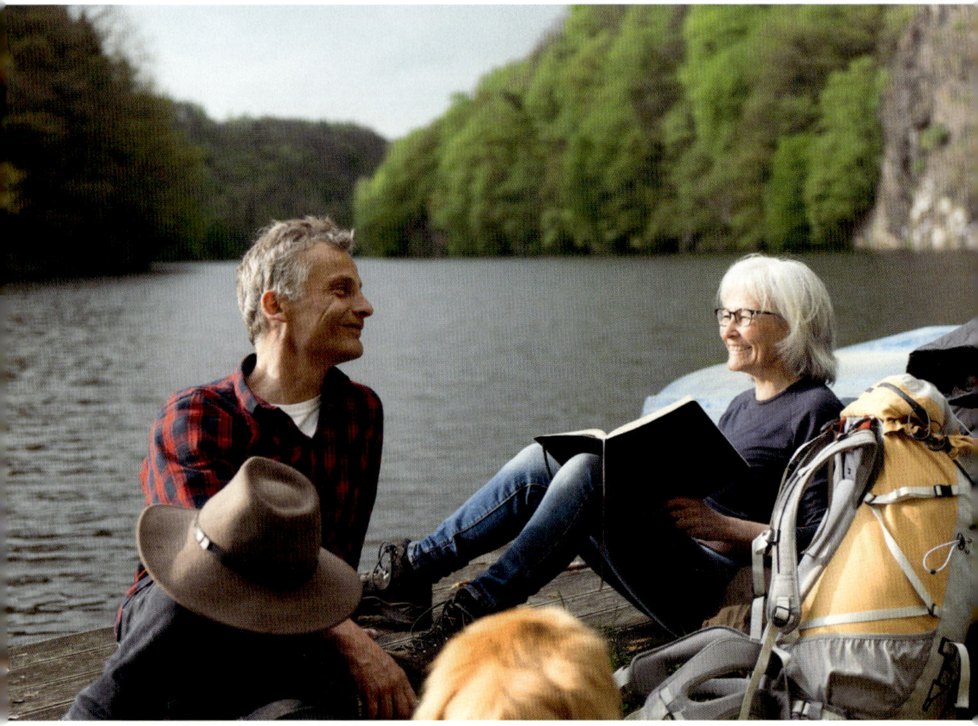

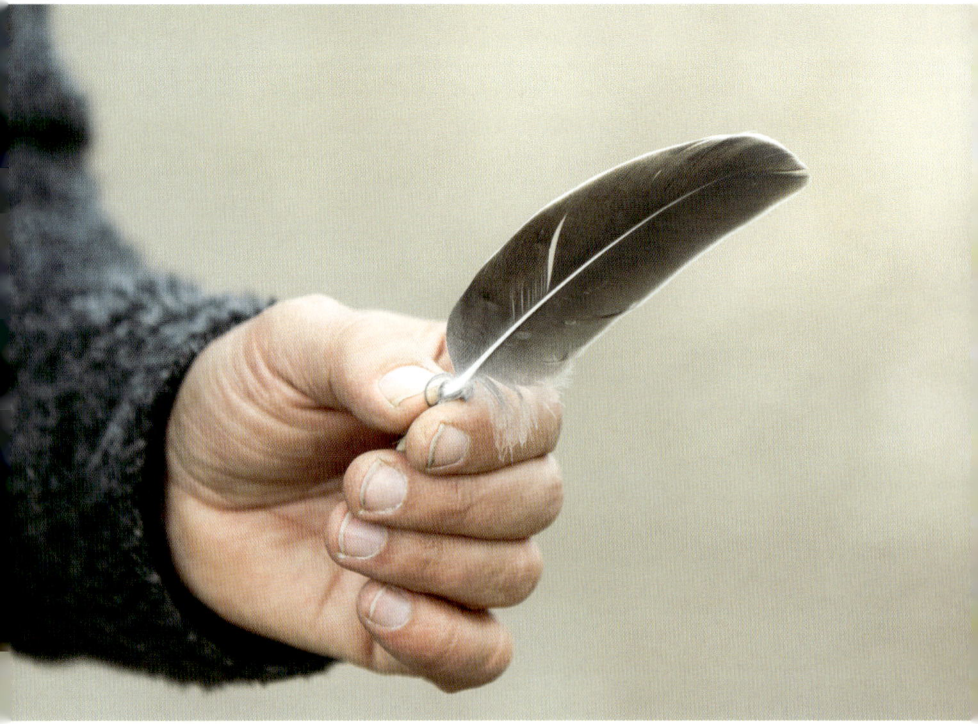

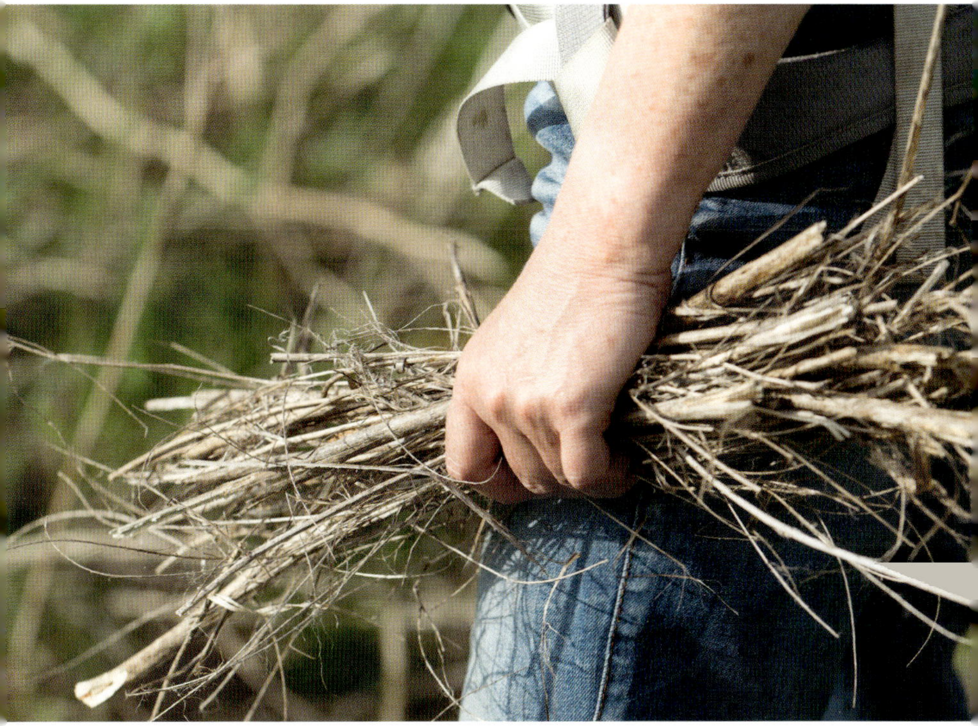

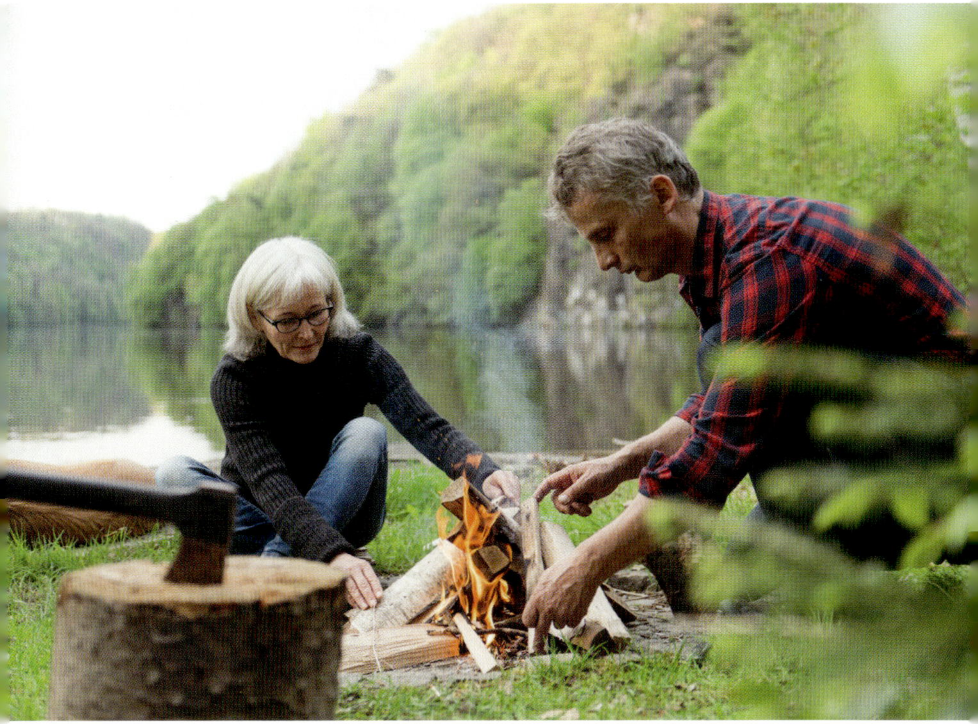

Der Himmel führt ein eigenes Farbenspiel dazu auf. Es passt zu dem Klang, als hätte ein Regisseur das Ganze mit viel Fingerspitzengefühl arrangiert. Olaf sitzt in seinem Schlafsack und schaut dem himmlischen Lichtspiel gebannt zu. Jedes Wort ist zu viel.

So sitzen wir minutenlang und beobachten, wie der ganze Himmel erst blassrot schimmert, dann tiefer ins Violette gehend schließlich mit purpurrotem Schein erstrahlt. Noch ist die Sonne nicht zu sehen. Alles ist nur ein Vorspiel und die Glocken läuten, als würden sie die Choreografie untermalen. Dann steigt der Sonnenball langsam, aber stetig am Horizont empor. Die Stadt zu unseren Füßen wird in erstes Licht getaucht.

Ein neuer Tag hat begonnen. Wir nehmen ihn als Geschenk, was wir ganz einzigartig präsentiert bekommen.

Schlafsäcke in den Rucksack stopfen, Matte zusammenrollen, das feuchte Gras von der Plane streichen und sie gemeinsam falten – alle Handgriffe gehen uns leicht und gewohnheitsmäßig von der Hand. Im Stehen gibt es eine Tasse lauwarmen Tee aus der Thermoskanne, dazu einen Schokokeks und auf geht es.

Gestern haben wir den leichten Weg mit dem Zug zum Einstieg genommen. Heute wird es aufwendiger, denn wir gehen zu Fuß nach Hause.

Ein letzter Blick auf den Weinberg, der in den Wintermonaten ruhen darf, damit die Reben im Frühjahr wieder kraftvoll austreiben und schließlich reiche Frucht bringen können. Was die Natur kann, das können wir auch. Wieso soll Nichtstun eigentlich nicht produktiv sein? Wer sagt denn das? Ich nehme mir vor, von Zeit zu Zeit nach meinem eigenen Rhythmus zu fragen. Es wird Zeit zu gehen, denn auf uns wartet die Arbeit. Ich werde heute Nachmittag ein Seminar halten und Olaf hat Termine im Büro. Das kommt mir jetzt, den Rucksack auf dem Rücken auf dem Weg hinunter in das Tal, Richtung Lössnitzgrund, vor wie der Gedanke an Zuhause nach drei Wochen Urlaub.

Wir beobachten einen Milan, der, seine Schwingen weit breitend, über den Feldrand schwebt. Winzige Bewegungen reichen aus. Er lässt sich tragen. Den Aufwind spüren und vertrauend die Flügel ausbreiten, das wünsche ich mir oft im Alltag.

Der Weg führt jetzt steil bergab. Die Laubbäume haben ihr buntes Blättergewand längst abgelegt. Doch im klaren Morgenlicht sehen selbst die kahlen Bäume grazil aus mit ihren schlanken Ästen, die sich dem Himmel entgegenrecken.

Während wir ausschreiten, nehmen wir wahr, was uns am Wegesrand begegnet. Der schmale Bachlauf neben dem Weg speist sich aus kleinen Rinnsalen, die von den Hängen ins Tal strömen. Immer munterer plätschert und gluckst das Wasser, ab und zu kollert ein Stein vom Wasser gelöst den Hang hinunter.

Eichhörnchen sehen wir, die Bucheckern sammeln und sich für den Winter eindecken. Ich wüsste gerne, wo sie ihren Unterschlupf haben. An einem Steinbruch vorbei führt der Weg geradewegs über die Talstraße und ein kurzes Stück entlang der Schienen. Dann schlängelt er sich als Wanderweg im Grund neben dem kleinen Fluss entlang.

Von hier aus sind es noch reichlich sechs Kilometer nach Hause. Eine schöne Strecke, die später an Seen entlang und schließlich über einige Hügel hinweg durch die Felder führt.

Doch uns lenkt der knurrende Magen ab. Der Müsliriegel, von dem ich dachte, ich hätte ihn in die Seitentasche gesteckt, ist weg. Ob verloren oder verlegt, ist unerheblich. Jetzt haben wir nur noch das Frühstück im Sinn und einen triftigen Grund, zügiger auszuschreiten.

Eine reichliche Stunde darauf, es ist kurz vor neun, biegen wir in unsere Straße ein. Es ist später geworden als gedacht. Wir haben die Strecke unterschätzt. Der Umweg zum Bäcker ist längst gestrichen. Schade, das hatte ich mir anders vorgestellt. Doch als wir heimkommen, duftet es aromatisch nach

Teeblüten und frischen Brötchen. Unsere Tochter hat heute erst später Schule und überrascht uns mit diesem Frühstück. Das ist ihr absolut gelungen.

Eine halbe Stunde darauf beginnen wir morgenfrisch und gut gesättigt unsere Arbeit und spüren ihn, den Aufwind im Leben.

DEZEMBER **Silbernes Band**

W ie betäubt sitze ich auf dem Beifahrersitz. Ich brauche Zeit, um die Seele nachkommen zu lassen.
Noch sind die Gedanken im Büro. Den Laptop habe
ich eben erst zugeklappt, zu Hause in Windeseile Schlafsack,
Isomatte, Stirnlampe und das kleine Kissen in den Rucksack
gestopft. Warme Leggins sind auch dabei. Es wird kalt werden,
diese Nacht.

Eine Woche vor Heiligabend. Die Hektik der Menschen
ringsum, Abgabefristen für Terminsachen, Einladungen und
Weihnachtskonzerte – alles scheint sich zu ballen.

Dezember – das ist nicht die Zeit, um Nächte in der Natur zu
verbringen. Es ist die Zeit, in der ich in übervollen Läden letzte
Geschenke organisiere, Weihnachtskarten schreibe oder plane,
was wir zum Fest noch einkaufen müssen. Heute ist alles anders.

Es ist das zwölfte Mal in diesem Jahr, dass wir aufbrechen zu
einer Nacht unter freiem Himmel. Auch dieses Mal ist es mir
schwergefallen und gleichzeitig habe ich mich danach gesehnt,
aufzubrechen. Inzwischen weiß ich, dass die Freiheit direkt
zum Greifen vor mir liegt. Ich bin immer nur einen Schritt
weit davon entfernt, und es liegt bei mir, diesen Schritt zu tun.
Warum schiebe ich Wichtigkeiten und Termine vor, die genau
betrachtet unwichtig sind?

In der matten Wintersonne tauchen die Umrisse des Elbsandsteingebirges auf. Wuchtige Felsen, bizarre Formationen

aus verwittertem, dunklem Sandstein und zu ihren Füßen windet sich wie ein silbernes Band die Elbe. Vierzig Minuten Fahrt und wir sind da.

Als wir aus dem Auto steigen, zerrt ein kalter, böiger Wind an den Jacken. Wir brauchen nur wenige Handgriffe, der Rucksack ist schnell geschultert. Ich bin inzwischen geübt im Packen. Wenigstens das. Dennoch bin ich nervös. Es gibt Menschen, deren Augen vor Abenteuerlust funkeln, wenn sie in einer Winternacht auf schmalen Pfaden durch Schluchten auf die Berge steigen, um in irgendeiner Felshöhle zu schlafen. Ich gehöre nicht dazu.

Olaf hat mir sogar angeboten, dass ich zu Hause bleiben kann. Er könne es verstehen und er würde auch allein losziehen. Der Mann kennt mich. Doch ich kenne mich inzwischen auch. Und ich kenne mich von Abenteuer zu Abenteuer immer besser. Ich weiß, diese Nacht gehört dazu, will ich mir selbst treu bleiben. Der erste Schritt fällt schwer, aber ich habe in den zurückliegenden Monaten immer wieder erlebt, dass es sich lohnt, sich auf den Weg zu machen. Ich wage diese kleinen Abenteuer in der Gewissheit, am nächsten Tag um eine Erfahrung oder Erkenntnis reicher und eine Spur glücklicher zu sein.

Wenige Schritte aus dem Ort heraus und wir sind in einer anderen Welt. Die Bäume haben ihr Laub abgelegt. Wie ein dunkelgelber Teppich breitet es sich über Wurzeln, Steine und unseren schmalen Weg. Außer uns ist niemand unterwegs.

Der Rucksack ist gut gepackt, nicht zu schwer. Nur die dicke Winterjacke hindert mich daran, schneller zu laufen.

Also setzen wir unsere Schritte gemächlich und bewusst. Bis die Dämmerung einsetzt, bleibt uns noch eine Stunde Zeit. Die Wege haben wir uns auf der Karte angeschaut und gut eingeprägt. Wir werden einen der Aufstiege nutzen, um auf den Kammweg zu gelangen. Danach wollen wir uns links vom Hauptweg halten und nach dem Einstieg in die alte Felshöhle suchen.

Boofe nennen die Kenner der Kletterszene die zahlreichen Felsüberhänge, unter denen man wie in einer halb offenen Höhle übernachten kann. Um diese versteckten Plätze zu finden, gibt es kleine Markierungen, die den Weg weisen. Wer sie kennt und seine Ausrüstung dabeihat, kann so vor Regen geschützt und mit Aussicht auf die Sterne schlafen. Ich war siebzehn, als wir das zum letzten Mal zusammen mit einigen Freunden gemacht haben. Eine unvergessliche Nacht: eindrucksvoll, wild und außergewöhnlich.

Jetzt sind wir fünfzig. Es bleibt ein Abenteuer.

Plötzlich hören wir Stimmen. Hinter den Bäumen tauchen eine Frau und ein Mann auf. In ihren neongelben Outdoorjacken wirken sie wie bunte Paradiesvögel. Es sind Wanderer auf dem Weg ins Tal. Sie nicken uns grüßend zu, ihre Augen schweifen über unsere Rucksäcke. Sie ahnen, dass wir über Nacht bleiben werden. Der Respekt in ihrem Blick tut mir gut.

Wie oft habe ich scheu, aber auch sehnsüchtig auf Bergwanderer geschaut, die offensichtlich draußen übernachtet haben. Jetzt bin ich auch so weit. Ich traue mich raus und es wird mir immer selbstverständlicher.

Inzwischen führt der Weg stetig bergauf. Der schmale Pfad windet sich zwischen kahlen Buchen, Birken und vereinzelten Felsbrocken hindurch. Sie liegen hier, als hätte sie ein Riese nach dem Spielen vergessen.

Dann stehen wir unmittelbar vor den zerklüfteten Felsen. Wie überdimensionale Kleckerburgen aus Sand wirken die Steinformationen. Der Pfad geht in Metallstiegen über. Stufe für Stufe steigen wir höher, das Herz schlägt kräftig. Schon bald atmen wir tiefer, öffnen die Jacken, die plötzlich viel zu warm sind. Es gibt niemanden, der uns antreibt, dem wir etwas beweisen müssten.

Wir teilen uns unsere Kräfte ein. Ich scheue mich nicht, Pausen einzulegen und halte an, um den Atem nachkommen zu lassen. Für unser Tempo sind wir selbst verantwortlich. Auf einem kleinen Plateau bleibe ich stehen, vermeide den Blick in die unmittelbare Tiefe und schaue stattdessen in die Weite, wo sich der Wald wie ein riesiger dunkler Teppich über das Land breitet.

Die Sonne steht eine Handbreit über dem Horizont und gießt letzte Strahlen funkelnd über diese Szene. Tief atmend nehmen wir das Bild in uns auf. Doch wir verweilen nicht zu lange, denn wir brauchen oben im Wald das Tageslicht, um unser Nachtquartier zu finden.

Mit jedem weiteren Schritt wächst die Erwartung, kommen wir dem Ziel näher und stellt sich Freude wie eine gute Bekannte ein. Es ist dieses Gefühl, etwas zu tun, was nicht alltäglich ist. Sich aus dem klammernden Griff der Normalität zu befreien. Es tut so gut, aus dem Alltag herauszusteigen, die hektische Betriebsamkeit zu verlassen. Sich selbst zu steuern und den Autopiloten auszuschalten. Endlich oben!

Jetzt fällt das Gehen wieder leicht. Wir folgen dem Kammweg nach links. Der Himmel glüht tiefrot zwischen den kahlen Bäumen, die sich mit ihren Wurzeln in den felsigen Grund klammern. Ein wunderbares Motiv, doch wir haben keine Muße, die Kamera rauszuholen. Denn als hätten sie nur darauf gewartet, dass wir ihnen schutzlos ausgeliefert sind, überfallen uns heftige Windböen. Schlagartig wird es ungemütlich. Ich sehne mich nach einem Dach über dem Kopf. Zumindest ein Wall gegen den Wind wäre gut. Obwohl der schmale Abstieg zur Boofe hier irgendwo sein muss, finden wir keine Markierung. Das gibts doch nicht.

Die Uhr zeigt zwanzig nach fünf. Es wird höchste Zeit, unser Lager aufzuschlagen. Langsam werde ich unruhig. Was, wenn wir den Einstieg nicht finden?

Das Rauschen des Windes und das Knacken einzelner Äste kommen uns im Dämmerlicht unnatürlich laut vor. Es fühlt sich an, als wären wir allein auf der Welt. Die letzten unserer Art. Eigenartiger Gedanke. Andererseits ist jemand ohne andere Menschen noch lange nicht allein. Wer sich in der Natur wohlfühlt, der hat immer ein Gegenüber. Er ist in einem ständigen Austausch mit seiner Umgebung.

Aufmerksam suchen wir mit den Augen nach Markierungen am Wegrand. Wir wissen, es gibt hier noch weitere Felsüberhänge, die als Boofe dienen, doch wie finden wir sie? Könnte die fußbreite Spur dort im trockenen Heidelbeergesträuch ein ungenutzter Weg sein, der uns zu einem Unterschlupf führt?

Wie trauen der Intuition und folgen dem Pfad im Halbdunkel. Nach zweihundert Metern führt er uns tatsächlich direkt zu einer ausgetretenen Holzleiter, die einen Felsabbruch überwindet. Fünf Meter steigen wir äußerst vorsichtig hinunter. Die Sprossen sind vereist. Jetzt denke ich weder an das fehlende Nachtlager noch an die Arbeit des heutigen Tages. Jeder Tritt zählt und muss sitzen. Das ist herausfordernd mit dem vollgepackten Tourensack auf dem Rücken.

Schließlich stehen wir am Fuß des Felsüberhangs. Einige Meter weiter bricht der Fels jäh ab. Keiner weiß, wie tief es hinuntergeht. Wir bleiben in sicherem Abstand zur Kante. Das Licht erlaubt uns gerade noch einen Blick auf den weiten, bewaldeten Kessel, der von steinernen Wänden eingerahmt wird. Hier könnte man Indianerfilme drehen. Ich sehe Winnetou an der Kante stehen, um über das Land seiner Ahnen zu schauen.

Wir freuen uns schon auf das morgige Tageslicht, um den Ausblick zu genießen. Der Pfad führt am Felsen entlang zwischen niedrigen Büschen und sturmgebeugten, kleinen Birken direkt zu einem dunklen Spalt in den steinernen Wänden. Tonnenschwere Felsplatten haben sich vor Urzeiten hier so zusammengeschoben, dass sie eine halb offene Höhle bilden. Zwischen den Sandsteinplatten und Felsbrocken, die sich in vier Metern Höhe verkeilt haben, schimmert dämmriges Abendlicht herein. In dem Felsspalt ist es absolut still. Als hätte jemand dem Wind am Eingang den Zutritt verwehrt. Erst jetzt merke ich, wie gut diese Windstille ist. Als würde man ein Haus betreten, das Schutz bietet.

Um uns herum ist es so dunkel, dass wir uns zögernd wie Blinde vortasten. Zeit für die Stirnlampen, die ich aus dem Seitenfach im Rucksack ziehe.

Im Schein der Lampen liegt eine Höhle, die eine gute Unterkunft für fünf Wanderer bietet. Die ebene, sandige Liegefläche ist ideal, um Isomatten darauf auszurollen.

Spuren verraten uns, dass schon andere Gäste hier waren. Jemand hat einen Baumstamm als Sitzplatz eingerichtet. Ein Ast ist zwischen die Felsen geklemmt, sodass er perfekt als Kleiderständer dient. Ein großer Stein eignet sich als Tisch. Steinzeitmenschen hätten jetzt wohl ein Feuer entfacht und ihre Jagdbeute zubereitet. Ein wärmendes, prasselndes Feuer wäre prächtig. Doch das kommt für uns nicht infrage, denn Feuer zu entzünden, ist im Nationalpark streng verboten.

Olaf holt stattdessen drei Gläser mit Teelichtern aus seinem Rucksack. Immerhin eine Alternative. Wenig später flackert heimeliges Kerzenlicht auf. Wir löschen die Stirnlampen. Wenn es richtig dunkel ist, dann reicht schon das Licht einer einzigen Kerze aus, um die Nacht zu erhellen.

Wir haben Licht im Überfluss. Es macht uns diese felsige Zuflucht zu einem Ort, an dem wir uns wohlfühlen. Uns geht es richtig gut, denn wir haben nicht nur Wasser, sondern auch den kleinen Teekessel und unseren Gaskocher dabei. Eine Outdoorküche, die überall funktioniert. Als das Wasser leise summend kocht, gießen wir uns Tee auf und schneiden Käse und Brot in handliche Stücke. Ein köstliches Essen in aller Einfachheit.

Wir sind zutiefst dankbar, da zu sein. Dankbar für den Schutz vor dem Wind, für das Licht der Kerzen, für den dampfenden, heißen Tee und die Nahrung, die uns hilft, innere Wärme zu entwickeln.

An diesem Dezemberabend aufzubrechen, alles hinter uns zu lassen, was uns davon abhält, das Leben zu schmecken, war genau richtig. Und jetzt sind wir hier. Beate und Olaf im Glück. Im Schein der Kerzen teilen wir das Brot.

Als der letzte Kanten Brot und auch der Käse restlos vertilgt sind, rollen wir die Isomatten aus, zupfen die Schlafsäcke mit klammen Fingern aus dem Rucksack und gehen dann noch ein letztes Mal hinaus in die stürmische, klirrend kalte Nacht, um an der Felskante den Tag zu verabschieden.

Sterne funkeln wie Perlen am dunklen Himmel. Unendlich viele sind es. Plötzlich sind sie da. Als hätten sie nur darauf gewartet, uns den Himmel zu erleuchten.

Um nicht auszukühlen, ziehen wir uns kurz darauf in die Schlafsäcke zurück. Auch wenn wir noch lange nicht müde sind, ist es schön, diesen Kokon aus wärmenden Daunen bis zur Nasenspitze zu ziehen. Leise unterhalten wir uns über die vielen Eindrücke des Tages. Vertraut und dennoch geheimnisvoll hört es sich zwischen den felsigen Wänden an.

Es ist nur die Umgebung, die wir verändert haben. Aber es scheint, als wäre alles anders. Als wären wir wieder siebzehn, voller Ideen für unsere Zukunft und wahnsinnig glücklich, den anderen neben sich zu wissen. Als uns die Worte ausgehen, folgen wir mit den Augen in stummer Bewunderung dem Tanz von Licht und Schatten, die der flackernde Kerzenschein an der hohen Felsdecke aufführt.

Glaube, Hoffnung, Liebe

Dreiklang des Lebens.
Wissen, wohin wir gehören.
Wohin wir gehen.
Und weshalb wir hier sind.

Schatten

Er tanzt an der Höhlenwand im Licht.
Er hüllt meinen Rucksack ins Dunkel.
Wenn ich mich zur Seite drehe, geht er mit.
Gleich, wenn ich das Licht lösche, wird auch er Pause machen.

Stunden später. Es muss mitten in der Nacht sein. Gleißend hell dringt Licht durch die Felsspalten in unsere Höhle. Es hat uns aus dem Schlaf geweckt, als hätte jemand einen Scheinwerfer auf unsere Gesichter gerichtet. Kann der Mond so taghell sein? Er kann. Und wie er das kann!

Das müssen wir uns ansehen. Es ist bitterkalt, als wir aus dem Schlafsack schlüpfen. Zitternd ziehen wir uns die Jacken über, bevor wir aus der Boofe treten. Draußen vor der Höhle trauen wir unseren Augen kaum. Ohne Mühe könnten wir in dieser Nacht wandern gehen. Der Talkessel liegt uns in silbrigem Licht zu Füßen. Wir können Bäume und Sträucher erkennen, die sich in den Rissen der Felsen über unserer Höhle eingenistet haben und von dort aus in den Himmel streben. Steintürme lehnen schweigend aneinander wie Wachen, die den Schlaf des Waldes schützen.

Es ist absolut still. Stille. Genau das ist es, was sich am meisten verändert hat. Der Sturm ist vorbei.

Und noch etwas fällt uns auf. Der Mond strahlt heller als die Sterne. Der dunkle Himmel, vor dem die Sterne am Abend noch funkelnd strahlten, ist mitten in der Nacht so erleuchtet, dass wir keinen einzigen Stern mehr erkennen können. So kann eine Schönheit die andere ablösen.

Andächtig nehmen wir das Bild in uns auf. Ich will ein Foto von diesem magischen silbernen Moment machen. Doch das Handy hat sich durch die Kälte längst entladen. Wir können diesen Anblick nicht festhalten oder für später bewahren. Oder doch? Tief in unserem Inneren ist ein Raum, den uns niemand nehmen kann.

Die Vernunft schickt uns zurück in die wärmenden Schlafsäcke. Zum Glück friere ich nicht.

Wir liegen, den kuscheligen Daunenkragen hochgezogen, noch lange wach, beobachten, wie das Mondlicht seinen Einfallswinkel in der Höhle ändert und langsam an der Wand entlangzieht. Irgendwann siegt der Schlaf.

Als ich wach werde, dringt schwaches Tageslicht, deutlich fahler als der silberhelle Mond, durch den Spalt am Eingang. Es ist kurz vor halb acht. Endlich! Ich habe dieses Mal oft wach gelegen, mich nach dem Anbruch des neuen Tages gesehnt. Zum Glück hat jede Nacht ein Ende – früher oder später.

Die Körperpflege ist minimalistisch. Wir teilen uns einen halben Becher Wasser zum Zähneputzen. Das muss reichen. Lieber wollen wir uns mit dem restlichen Wasser noch einen Tee kochen. In der einen Hand den Becher mit duftendem Kräutertee, in der anderen Hand einen Keks, so treten wir vor die Höhle. Eine weiße, dichte Wolkenschicht verbirgt das Tal vor unseren Blicken. Froh bin ich über meine Handschuhe und den wärmenden Teebecher. Es ist kein gemütliches Frühstück, doch der kleine Imbiss reicht, um die Lebensgeister zu wecken.

Dann stopfen wir unsere Rucksäcke, klettern mit Bedacht die Leiter empor und laufen über den vor Frost knisternden Waldboden dem Hauptweg entgegen.

Wir hatten uns so auf den Weitblick gefreut, doch der zähe Nebel, der Felsen und Täler an diesem Morgen verhüllt, lichtet sich nur langsam. Die Aussicht in der Nacht war deutlich besser als jetzt. Aber der Horizont hellt sich schon auf. Einzelne Nebelschwaden lösen sich und wabern, lichter werdend, davon.

Wir beschließen, uns noch einen Platz mit Fernblick zu suchen und abzuwarten, bis die Sonne den Tag richtig begrüßt. Die Rucksäcke setzen wir ab, verbergen sie hinter Steinen vor neugierigen Blicken anderer Menschen und klettern dann befreit zwischen einigen Felsen hindurch auf ein kleines erhabenes Plateau. Der Platz ist perfekt.

Und dann kommt er, der Moment, auf den wir gewartet haben: Die Sonne bricht hervor, übergießt das Nebelmeer mit ihren

Strahlen, vertreibt die Schatten und taucht die rund geschliffenen Felsen in klares Licht. Wir können nicht genug von diesem Anblick bekommen, freuen uns, als wäre es der erste Morgen dieser Welt. Wie ein Adlerpaar in seinem Horst überblicken wir das Tal bis hinunter zur Elbe. Der Fluss glänzt silberhell in weiter Ferne.

Ein Moment. Ein Augenblick. Er hinterlässt Spuren in unserer Seele: Spuren, die bleiben. Ja, das ist Leben mit tausend Sternen.

Es sind noch sieben Tage bis Weihnachten, doch in unseren Herzen sind Freude im Übermaß und tiefer Friede schon heute eingekehrt.

Leben mit tausend Sternen

Das Holz knackt. Funken stieben auf. Funkelnde Sterne, die unsere Gesichter erhellen, während die Dunkelheit den Fluss und das Ufer fast unkenntlich macht.

Wir haben uns einmal mehr zurückgezogen in die alte Hütte am Fluss – nur wir zwei mit den Erinnerungen der vergangenen Monate. Unser Feuerwerk ist handgemacht. Die Holzscheite brennen knisternd statt knallend und eine wohlige Wärme geht von ihnen aus.

Es ist der perfekte Rahmen, um Augenblicke zu erinnern, die uns wertvoll sind.

Weißt du noch ...

Zum Mitnehmen

Das Funkeln der Wassertropfen
im Licht

Das Flackern des Feuers
in der Nacht

Die Frische des Windes
in den Haaren

unvergleichlich
unvergesslich
unverpackt

Was davon kann ich mitnehmen?

Nichts – außer ein neues Herz
und
einen neuen Geist.

Empfehlungen für Draußen-Abenteuer

- Wander- oder Trekkingschuhe: Schaft über den Knöchel reichend, gute Profilsohle, wasserfest, bequem und gut eingelaufen *
- evtl. Teleskop-Wanderstöcke für steile Abstiege und Fluss-durchquerungen
- Regenjacke / gute Allwetterjacke *
- T-Shirt / Hemd / Bluse
- Trekkinghose oder robuste andere Hose
- im Herbst/Winter: Wollmütze für die Nacht *
- im Sommer: Mückenschutz
- Rucksack mit Hüft-Tragegurtsystem, zusätzlich separater Regenüberzug *
- warmer Schlafsack *
- leichte Isomatte *
- wasserfeste Unterlegplane
- kleines Kopfkissen *
- Wechselwäsche, evtl. Ersatzkleidung
- Trinkflasche mit 1 – 2 Liter Wasser *
- Campingteller, Becher, Löffel
- Messer *
- evtl. Badeanzug / Badehose
- Waschzeug, Handtuch
- Toilettenpapier * (Notdurft unbedingt abdecken mit Steinen oder Holz)
- evtl. Kamera
- kleines Tagebuch / Stift *
- persönliche Medikamente *
- Streichhölzer / Feuerzeug *
- Kocher / Kartusche / Topf / Teekessel
- Taschenlampe (am besten eine Stirnlampe) *

- Kerze
- Verpflegung, Müsliriegel *
- Karte *
- Kompass / GPS-Gerät (nur bei größeren Touren)
- Handy (mit wasserdichter Hülle)
- Geld / Ausweis *
- evtl. Fernglas für Tierbeobachtung
- Erste-Hilfe-Set inkl. Rettungsdecke *
- Sitzkissen, faltbar, möglichst mit wasserfester Unterseite *

Keinesfalls sollte man mehr als 10 bis 12 kg Gepäck inkl.
Rucksack mitnehmen – weniger ist immer mehr!
Dinge, die wir für besonders wichtig halten, sind mit einem *
gekennzeichnet.

Wo kann man eventuell wild zelten – und wo nicht? Einige Tipps

1. **Naturschutzgebiete meiden** Mehr als vier Prozent der Fläche stehen in Deutschland unter Naturschutz. Hier hat abseits der Wege und auch nachts niemand etwas zu suchen. In manchen Bundesländern werden empfindliche Strafen verhängt, wenn gegen die Vorschriften verstoßen wird.

2. **Privatgelände meiden** Natürlich ist das Übernachten auf Privatgrundstücken verboten – außer der Eigentümer hat dafür ausdrücklich seine Erlaubnis erteilt. Wenn nicht, droht sogar eine Anzeige wegen Hausfriedensbruch.

3. **Spät aufbauen und früh abbauen** Wenn ihr euren Schlafplatz erst nach Sonnenuntergang einrichtet und am frühen Morgen wieder abbaut, besteht kaum Entdeckungsrisiko.

4. **Kein Feuer machen** Neben der Brandgefahr besteht schlicht auch eine deutlich höhere Wahrscheinlichkeit, entdeckt zu werden. Für das Feuermachen abseits von genehmigten Plätzen werden hohe Strafen verhängt.

5. **Leise sein** Lärm machen ist absolut tabu. Am besten so rücksichtsvoll und unauffällig wie möglich verhalten, damit keine Tiere gestört werden. Deshalb gilt auch: Je weniger Personen ihr seid, desto besser.

6. **Schnell weiterziehen** Schlaft nur eine Nacht an einem Ort.

Wohin?

Wir empfehlen für den Einstieg den eigenen Garten, das Wochenendgrundstück, den Balkon und die Wiese hinterm Haus. Es muss nicht die ganze Nacht sein. Wie lange eure Nacht dauert, entscheidet ihr allein. Beginnt besser im Sommer statt im Januar mit einer Draußen-Nacht.

In Deutschland, Österreich und der Schweiz darf man nicht wild campen – im Gegensatz zu Skandinavien mit seinem Jedermannsrecht. Aber es gibt dennoch Möglichkeiten, ein Draußen-Abenteuer zu erleben. Wenn man abends abseits bewohnter Gegenden unterwegs ist, kein Feuer macht, keinen Müll hinterlässt und am frühen Morgen wieder aufbricht, gibt es in der Regel keine Probleme.

Grundsätzlich gilt: Der Lagerplatz muss in besserem Zustand verlassen werden, als man ihn vorgefunden hat. Müll ist sorgfältig aufzusammeln und mitzunehmen, Essensreste ebenfalls. Nach dem Toilettengang ist die Notdurft mit einer mitgebrachten, kleinen Schippe zu vergraben, alternativ Steine oder Stöcke darüberlegen und Toilettenpapier nur äußerst sparsam verwenden. Auf keinen Fall Feuchttücher nutzen, die verrotten nur schwer. Bei bestehender Waldbrandgefahr sind offenes Feuer und Kerzenlicht tabu.

Wo könnte man übernachten ...
· mit Erlaubnis des Försters bzw. Jagdpächters im Wald.
· mit Erlaubnis des Bauern/Besitzers auf einer gemähten Wiese abseits von Dorf und Stadt.
· im Baumhaus auf dem Privatbesitz von Freunden.
· in einer vorab gemieteten Hütte.

· in sogenannten Boofen im Elbsandsteingebirge, dem Naturcamp im Nationalpark Schwarzwald oder auf einem der zwölf
Trekkingplätze im Biosphärenreservat Naturpark Pfälzerwald.

Wir haben gute Erfahrungen damit gemacht, bei Naturfreunde-
häusern zu fragen und deren Essen und Sanitärbereich gegen
ein kleines Entgelt zu nutzen, um dort mit Erlaubnis im Freien
zu nächtigen.

Das Übernachten ohne Zelt ist in keinem Bundes- oder Landes-
gesetz geregelt. Es besteht ein gewisser Graubereich für ein
kurzfristiges Lagern / Verweilen im Wald. Je provisorischer es
aussieht, je ordentlicher der Lagerplatz aussieht, je weniger
Müll oder Lärm gemacht wird – desto besser steht es, wenn
das Lager entdeckt und man zur Rede gestellt wird. In etlichen,
vor allem den nördlichen Bundesländern beschränkt sich das
Betretungsrecht des Waldes auf die Tageszeit. In der Zeit zwischen Sonnenuntergang und Sonnenaufgang ist das Recht zum
Betreten des Waldes auf die Waldwege beschränkt. Hier darf
man sich also gar nicht mehr im Unterholz aufhalten, sobald es
dunkel wird.

Keinesfalls können wir eine Handlungsempfehlung abgeben –
wir schreiben lediglich über unsere persönlichen Erfahrungen.

Vorsicht ist geboten bei ...

· Wildschweinen in der Brunftzeit
· Übernachtungen in Wald und Feld während der Jagdsaison
· Sturm/Schneebruch / extremen Wetterlagen

... und Draußennächte haben Suchtpotenzial ;)

„Ich wollte nur einen Spaziergang machen
und beschloss schließlich,
bis zum Sonnenuntergang zu bleiben,
denn ich entdeckte, dass ich
beim Hinausgehen eigentlich nach innen ging."

John Muir

Das Hinausgehen – und sei es auch nur gedanklich – gehört inzwischen zu uns. Es ist eine neue Tiefe und Weite in unser Leben gekommen, eine Freiheit mitten im Alltag zu spüren und ein Glück, von dem wir bestenfalls ahnen konnten, dass es direkt vor der Haustür liegt.

Wir verstehen uns als *Lebensermutiger*. Für uns kommt es weniger darauf an, was einem Menschen im Leben begegnet, sondern vielmehr, wie er damit umgeht.

Wir schulden dem Leben das Funkeln in unseren Augen!

„Stark im Leben"

In unseren Vorträgen, Büchern und Seminaren geht es um innere Stabilität, seelische Gesundheit und die tiefe Bedeutung des Naturerlebens für unsere Seele. Als Auszeit-Experten möchten wir zeigen, dass uns nicht der Jahresurlaub oder das ersehnte Sabbatical, sondern die sofort umsetzbaren, kleinen Auszeiten und Mikroabenteuer stark im Leben machen.

Als Dozenten haben wir Lehraufträge für Erlebnispädagogik und Erwachsenenbildung an der Ev. Hochschule Moritzburg, wo wir mit dem jüngsten unserer drei Kinder leben. Dass es von unserer Wohnung nicht weit bis in den Wald ist, macht uns richtig glücklich!

Beate und Olaf Hofmann

www.hopeandsoul.com

Copyright © 2017 adeo Verlag
in der Gerth Medien GmbH, Dillerberg 1, 35614 Asslar

1. Auflage September 2017
Bestell-Nr. 835168
ISBN 978-3-86334-168-8

Umschlaggestaltung: Gute Botschafter GmbH, Haltern am See
Lektorat und Gesamtgestaltung: Stefan Wiesner
Fotos: Stefan Weigand
Satz: Maike Michel
Druck und Verarbeitung: GGP Media GmbH, Pößneck
Printed in Germany

www.adeo-verlag.de